W0233734

DAS LEBEN IM ALTEN ROM

Fiona Chandler, Sam Taplin
& Jane Bingham

Illustrationen von Inklink Firenze, Giacinto Gaudenzi,
Ian Jackson, Jeremy Gower & Nicholas Hewetson

Aus dem Englischen
von Claudia Gliemann

Arena

Vorige Seite: Das Fresko
einer Vogeltränke stammt
aus einer Villa in Pompeji.

Diese Seite: Das Fresko
des Gartens mit einem
Obstbaum im Vordergrund
stammt aus der Villa der
Livia in der Nähe
von Rom.

INHALT

IM INTERNET

In diesem Buch erfährst du viel Interessantes über das Leben im alten Rom. Wer noch mehr wissen will, kann sich zusätzliche Informationen aus dem Internet holen. Dort gibt es viele schöne Websites mit Bildern von alten Palästen, Tempeln, Theatern und Statuen. Auch virtuelle Reisen durch römische Wohnhäuser kann man unternehmen.

WO FINDEST DU WAS?

- Wenn du **www.usborne-quicklinks.com** anwählst und das Stichwort **roman world** eingibst, erreichst du über zahlreiche Links Webseiten zu allen denkbaren Themen aus dem Bereich „altes Rom".

- Unter **www.romanum.de** findest du Wissenswertes zu Kultur und Geschichte des Römischen Reichs sowie Übersetzungen wichtiger lateinischer Texte.

- **www.roman-emperors.org/** ist die richtige Adresse für diejenigen, die sich für die Biografien und Verwandtschaftsverhältnisse der römischen Kaiser sowie für antike Schlachten interessieren.

- Unter **www.comune.roma.it/ monumentiantichi** kannst du dir alle archäologisch bedeutsamen Bauten Roms ansehen.

- **www.villa-rustica.de/ index.html** bietet eine virtuelle Tour durch den römischen Gutshof des Freilichtmuseums Hechingen-Stein.

- **www.uni-tuebingen.de/uni/ymu** präsentiert eine Fülle von Informationen zum Limesmuseum Aalen.

- Unter **www.augusta-raurica.ch** kannst du die frühere Römerstadt Augusta Raurica kennen lernen.

Apollo, der Gott des Lichts, der Musik, Heilkunst und Weissagung

SICHERHEIT IM INTERNET

Beim Surfen im Internet sind folgende Hinweise zu beachten:

- Bevor du dich im Internet einloggst, brauchst du immer die Erlaubnis deiner Eltern.

- Wenn du auf einer Webseite in einem Gästebuch oder einem schwarzen Brett Nachrichten hinterlässt, gib auf keinen Fall persönliche Informationen wie Namen, Adresse oder Telefonnummer an und frage einen Erwachsenen, bevor du deine E-Mail-Adresse nennst.

- Wenn du auf einer Webseite gebeten wirst dich mit Namen oder E-Mail-Adresse einzuloggen oder registrieren zu lassen, frage zuerst um Erlaubnis.

- Wenn du eine E-Mail von jemandem erhältst, den du nicht kennst, teile es einem Elternteil mit und beantworte die E-Mail auf keinen Fall.

- Versuche nie dich mit jemandem zu treffen, mit dem du dich im Internet unterhalten hast.

Alle in diesem Buch angegebenen Internetseiten wurden überprüft und als für Kinder geeignet angesehen. Dennoch kann der Verlag hierfür keine Gewähr übernehmen. Auch für die Korrektheit der Informationen der einzelnen Webseiten kann der Verlag nicht garantieren. Wir empfehlen Kinder während des Surfens im Internet zu beaufsichtigen und ihnen den Zugang zu Chatrooms nicht zu erlauben.

AKTUELLE WEBSEITEN

Die Links unter **www.usborne-quicklinks.com** (Stichwort „roman world") werden regelmäßig geprüft und aktualisiert. Dennoch kann es vorkommen, dass beim Anklicken eine Meldung erscheint, die besagt, dass die Seite nicht verfügbar ist. Da es sich um eine kurzfristige Störung handeln kann, solltest du es später nochmals versuchen. Wenn eine der von uns empfohlenen Seiten gelöscht wird, bemühen wir uns sie durch eine andere zu ersetzen.

WAS DU BRAUCHST

Alle in diesem Buch genannten Internetseiten kannst du mit einem PC und einem Browser öffnen. Hier eine Liste der Dinge, die dafür notwendig sind:

- Ein PC mit Microsoft®-Windows®-98-Version oder ein Macintosh-Computer mit System 9.0 oder einer späteren Version.

- 64 MB RAM.

- Ein Browser wie der Microsoft® Internet Explorer 5 oder Netscape® 6 (oder eine spätere Version).

- Zugang zum Internet mit einem Modem oder einem schnelleren digitalen oder Kabelanschluss.

- Ein Konto bei einem Internet-Service-Provider (ISP).

- Eine Soundkarte.

ZUBEHÖR

Für manche Webseiten braucht man zusätzliche Programme, die man Plug-ins nennt. Damit kann man Sprache oder Musik hörbar machen und Videos, Animationen und 3-D-Bilder anschauen. Wenn du ohne das entsprechende Zubehör auf eine solche Webseite kommst, erscheint auf dem Monitor ein Hinweis.

Auf einer solchen Webseite findest du ein Dialogfeld, das du anklicken kannst, um das erforderliche Plug-in herunterzuladen Hier einige Plug-ins, die sich lohnen:

QUICKTIME®: Damit kannst du Videos ansehen. Quicktime ist eine Handelsmarke der Apple Computer GmbH.

REALPLAYER®: Ein Programm zum Abspielen von Videos und Musik, eingetragen unter RealNetworks GmbH in den USA und anderen Ländern.

SHOCKWAVE®: Damit kannst du Animationen und interaktive Programme abspielen. Handelsmarke ist die Macromedia GmbH, registriert in den USA und anderen Ländern.

COMPUTERVIREN

Ein Computervirus ist ein kleines Programm, das in der Lage ist, die Daten in deinem Computer zu zerstören. Ein solcher Virus kann z. B. in deinen Computer gelangen, wenn du dir Programme aus dem Internet herunterlädst oder Anhänge zu einer eingehenden E-Mail öffnest.

Gegen Computerviren muss man sich deshalb schützen. Antivirus-Software gibt es in Computerläden; man kann sie aber auch aus dem Internet herunterladen.

WAS WISSEN WIR ÜBER DIE RÖMER?

Wir wissen heute sehr viel über die römische Kultur, die vor über 2500 Jahren entstand. Die Werke römischer Schriftsteller können heute noch gelesen und Gebäude aus römischer Zeit können besichtigt werden. Archäologen haben verschüttete Gebäude freigelegt und Gegenstände aus römischer Zeit ausgegraben.

RÖMISCHE RUINEN

Die Römer waren so hervorragende Baumeister, dass viele ihrer Tempel, Arenen und Brücken heute noch stehen. Archäologen studieren diese Gebäude, Ruinen und verschüttete Gebäudereste.

Die Ruinen römischer Gebäude geben den Wissenschaftlern Aufschluss über Kunst, Architektur, Ingenieurswesen und Stadtplanung in der Antike. Dadurch erfahren sie mehr über den Alltag der Römer in ihren Städten und Häusern.

ANTIKE TEXTE

Von antiken römischen Texten sind nur wenige Originale erhalten. Aber seit der Spätantike schrieben christliche Mönche viele lateinische Manuskripte ab. Dank dieser Kopien wissen wir heute sehr viel über den Alltag und die Gedankenwelt der Römer.

Geschichtsschreiber wie Livius und Tacitus und der Biograf Sueton führen uns die römische Geschichte eindrücklich vor Augen. Dichter wie Vergil und Ovid befassten sich in ihren Dichtungen mit römischen Sagen und Legenden. Die Briefe Plinius' des Jüngeren geben uns Einblicke in das Alltagsleben der Römer und die bissigen Satiren und Epigramme Martials und Juvenals zeigen die Schattenseiten der römischen Gesellschaft.

Teilausschnitt des Forums der römischen Stadt Sbeitla in Tunesien

FASZINIERENDE FUNDE

Tausende von Gegenständen aus römischer Zeit wurden in Ruinen, Schiffswracks oder sogar in Blumenbeeten gefunden. Diese Gegenstände – von einfachen Tongefäßen und Werkzeugen bis zu kunstvollen Kelchen und Halsketten – geben uns detaillierte Einblicke in das römische Alltagsleben.

Diese Schalen wurden in den Ruinen der römischen Stadt Pompeji gefunden. Sie enthalten die Überreste von Farbpigmenten, die römische Künstler für ihre Fresken verwendeten.

Dieses römische Mosaik zeigt einen Gladiator.

In vielen römischen Gebäuden fand man Wandmalereien und Mosaiken, die Alltagsszenen zeigen. Es gab Statuen von Göttern, Kaisern und Feldherren. Triumphbögen und Triumphsäulen waren mit Szenen aus der römischen Geschichte verziert.

Durch die Untersuchung römischer Gräber finden Archäologen heraus, wie lange die Menschen damals gelebt haben und an welchen Krankheiten sie litten. Antike, in Wände eingeritzte Graffiti geben die Ansichten einfacher römischer Bürger wieder und aus der Fracht versunkener Schiffe erfahren wir, mit welchen Waren die Römer vor 2000 Jahren Handel trieben.

MODERNE FORSCHUNG

Heute steht den Archäologen eine ganze Reihe verblüffender Forschungsmethoden zur Verfügung. Auf Luftaufnahmen können sie unterirdische Mauern erkennen und durch geophysikalische Untersuchungen wie z. B. mit Magnetometern können sie unterirdische Strukturen aufspüren.

Aber die vielleicht wichtigste moderne Forschungsmethode ist die sorgfältige Analyse von Pflanzen und Knochenresten, die bei Ausgrabungen gefunden werden. Die präzise Untersuchung von Skeletten bis hin zu Pflanzenpollen kann über die Ernährungsweise und die Umwelt der damaligen Menschen Auskunft geben.

Einige Pollen unterschiedlicher Pflanzen in 1300-facher Vergrößerung

DIE STADT POMPEJI

Einer der besten Orte, um etwas über das Leben der Römer zu erfahren, ist die Stadt Pompeji. 79 n. Chr. kam es zu einem gewaltigen Vulkanausbruch. Die Stadt wurde unter Ascheschichten begraben, die die Stadt zerstörten und gleichzeitig für die Nachwelt erhielten. Gebäude, Möbel, Werkzeuge und andere Gegenstände blieben fast unversehrt erhalten und wurden zu Zeugen der Naturkatastrophe.

In Pompeji fand man viele farbenprächtige Mosaiken und Wandmalereien. Dieses Mosaik warnte vor einem Hund.

DAS LEBEN IN DER STADT

Pompeji war eine geschäftige Stadt nahe der Bucht von Neapel. Der Export von Wein, Olivenöl und Wolle hatte sie reich gemacht und einige Bürger waren so wohlhabend, dass sie sich luxuriöse Villen leisten konnten. Die Hauptstraßen waren von Werkstätten, Tavernen und Geschäften gesäumt und die Bewohner entspannten sich in öffentlichen Bädern, im Theater oder bei den Gladiatorenspielen in der Arena.

VULKANAUSBRUCH

An einem schönen Sommermorgen des Jahres 79 erschütterte eine gewaltige Explosion die Straßen Pompejis: Der nahe gelegene Vesuv war ausgebrochen. Bald war die Stadt in Aschewolken gehüllt, glühende Gesteinsbrocken fielen vom Himmel, Gebäude erzitterten und die Straßen füllten sich mit Menschen, die in alle Richtungen um ihr Leben liefen.

Die Zerstörung dauerte die ganze Nacht über bis zum nächsten Tag an, von dem der Schriftsteller Plinius schrieb, dass der Himmel schwärzer war als alle Nächte bisher. Viele Menschen erstickten an den heißen, staubigen Wolken und Pompeji wurde allmählich unter einer Aschedecke begraben.

Pompeji beim Ausbruch des Vesuvs

ERSTAUNLICHE ENTDECKUNGEN

Die Stadt blieb bis ins 18. Jahrhundert unter den Ascheschichten begraben. Erst dann legten Archäologen die Gebäude nach und nach frei und machten erstaunliche Entdeckungen. Statuen, Möbel und Lampen waren erhalten geblieben, aber auch kleinere Gegenstände wie Geschirr und Ringe. Die Körper der erstickten Menschen hatten ihren Abdruck in der erstarrten Asche hinterlassen – einige hatten noch fliehen wollen, andere sich Trost suchend aneinander gekauert.

Dieser Gipsabguss entstand, indem man Gips in den Hohlraum füllte, den der Körper des Mannes in der erstarrten Asche hinterlassen hatte.

DAS FRÜHE ROM

DIE GRÜNDUNG ROMS

Ungefähr vor 3000 Jahren ließ sich der Stamm der Latiner auf den Hügeln oberhalb des Tiber im heutigen Italien nieder. Aus dieser Ansammlung kleiner Dörfer entstand die Stadt Rom – eine der prachtvollsten Städte der Antike und die Hauptstadt des mächtigen Römischen Reiches.

In hausförmigen Urnen wie diesen begruben die Latiner die Asche ihrer Toten.

DAS LAND DER LATINER

Die Latiner bewohnten eine fruchtbare Ebene an der Westküste Italiens. Sie sprachen eine frühe Form des Lateinischen und das Gebiet, das sie bewohnten, wurde als Latium bekannt.

Die Latiner bauten Feldfrüchte an und hielten Tiere und um

1000 v. Chr. errichteten sie die ersten Dörfer oberhalb des Tiber, an der Stelle der späteren Stadt Rom.

Der Standort hatte viele Vorteile. Genau an dieser Stelle verengte sich der Tiber und in der Mitte lag eine Insel, sodass man den Fluss gut überqueren konnte.

Hier sieht man eine frühe Ansiedlung der Latiner auf dem Palatin, einem der sieben Hügel, auf denen später die Stadt Rom entstand.

Die Küste war 25 km entfernt – nahe genug, um das Meer mit Booten und Lastkähnen zu erreichen, aber auch weit genug von den Piraten entfernt, die das Mittelmeer unsicher machten. Und von den Hügeln oberhalb des Flusses konnten Feinde leicht ausgemacht und abgewehrt werden.

Die Latiner lebten in einfachen Holzhäusern mit Strohdächern oberhalb des Tiber und begruben ihre Toten in den sumpfigen Tälern. Mit der Zeit dehnten sich diese Siedlungen immer weiter ins Tal aus und im 8. Jahrhundert v. Chr. entstand daraus eine einzige Stadt – Rom.

Palisaden sollten das Dorf vor Feinden schützen.

Das sumpfige Tal am Fuß des Palatin wurde zum Versammlungsort für die Bewohner der umliegenden Dörfer.

SAGEN UND LEGENDEN

Viel später verbanden römische Geschichtsschreiber wie z. B. Livius Elemente aus einem griechischen Mythos und einer populären römischen Erzählung zu dem sagenhaften Bericht von der Gründung Roms.

Die Geschichte begann mit Äneas, einem Helden aus der griechischen Sagenwelt, der aus der eroberten Stadt Troja geflüchtet war. Nach vielen Abenteuern kam Äneas schließlich nach Italien, wo er eine latinische Prinzessin heiratete und eine neue Königsdynastie begründete.

Der Überlieferung nach waren zwei der Nachkommen des Äneas die Zwillinge Romulus und Remus. Der Großonkel der Jungen, Amulius, wollte sie loswerden und ordnete an, dass sie im Tiber ertränkt werden sollten. Die Männer des Amulius hatten aber Mitleid mit den Säuglingen und setzten sie in einem Korb auf dem Tiber aus. Sie wurden ans Ufer getrieben und von einer Wölfin gefunden, die sie säugte, bis sie von einem Hirten gerettet wurden.

Diese spätere römische Münze zeigt ein Porträt des Romulus.

Später töteten die Zwillinge ihren bösen Großonkel und beschlossen an den Ufern des Tiber eine neue Stadt zu gründen. Beim Mauerbau machte sich aber Remus über seinen Bruder lustig und die beiden gerieten in Streit. Romulus tötete Remus und wurde König der neuen Stadt Rom, die nach ihm benannt wurde. Nach der Überlieferung geschah dies im Jahr 753 v. Chr.

Eine Bronzestatue der Wölfin, die Romulus und Remus säugte

DIE AUSDEHNUNG ROMS

Als sich Rom im 8. Jh. v. Chr. langsam zur Stadt entwickelte, lebten neben den Latinern auch noch andere Volksstämme auf der italischen Halbinsel. Im Norden gab es die Hochkultur der Etrusker, während der Süden von den Griechen beherrscht wurde, die dort Kolonien errichtet hatten. Dazwischen lebten noch zahllose Stämme von Bauern, die sich auf Hügeln niedergelassen hatten, wie z. B. die Sabiner.

DER RAUB DER SABINERINNEN

Der römische Geschichtsschreiber Livius berichtet, dass es in der neu gegründeten Stadt Rom nicht genug Frauen gab. Deshalb luden die Latiner die benachbarten Sabiner zu einem Fest ein und entführten bei Beginn der Spiele dann alle ihre Töchter. Obwohl die Geschichte wahrscheinlich erfunden ist, waren einige der frühen Bewohner Roms Sabiner, und diese Sage sollte vielleicht erklären, wie es dazu kam.

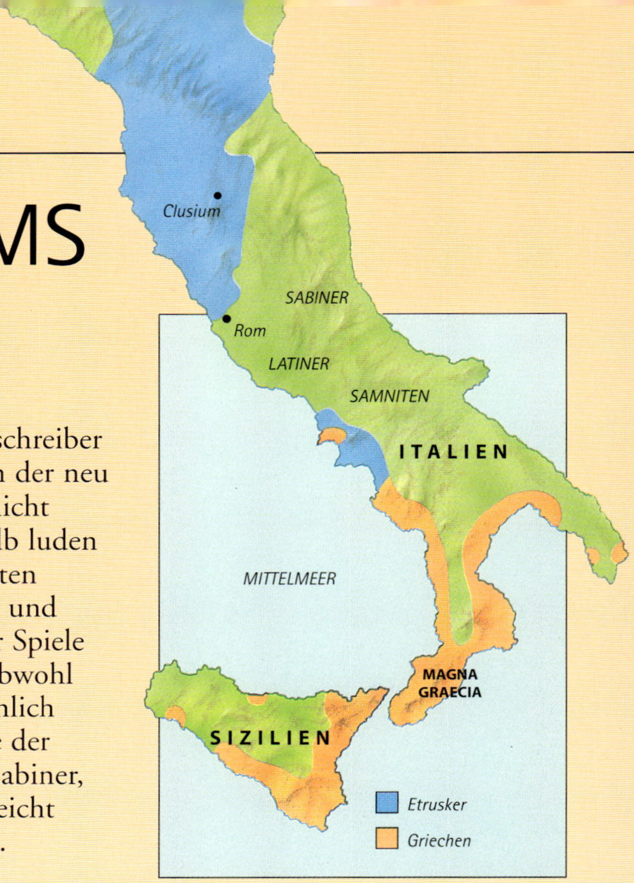

Siedlungsgebiete einiger Volksgruppen, die damals in Italien lebten

GROSSGRIECHENLAND

Schon 750 v. Chr. errichteten die Griechen die ersten Kolonien in Süditalien und an der Küste Siziliens. Die Griechen hatten einen so großen Einfluss auf dieses Gebiet, dass die Römer es später *Magna Graecia* – oder „Großgriechenland" nannten.

Die Griechen brachten nicht nur Handelswaren nach Italien, wie z. B. feine Töpferwaren, Metallwaren und Wein, sondern auch ihre Wissenschaften, ihre Literatur, Schauspielkunst, Malerei, Skulptur und ihre Architektur.

Ruine eines griechischen Tempels, errichtet von griechischen Kolonisten in Segesta auf der Insel Sizilien

DIE ETRUSKER

Das Volk, von dem das frühe Rom am stärksten geprägt wurde, waren die Etrusker. Sie beherrschten das Gebiet nördlich des Tiber. Woher sie vorher gekommen waren, ist nicht genau bekannt. Einige Experten glauben, dass sie aus Italien stammten, während andere meinen, dass ihre Ursprünge im östlichen Mittelmeerraum liegen. Die Blütezeit der Kultur der Etrusker, die in einer Reihe großer, sorgfältig geplanter Städte lebten, war zwischen 800 und 400 v. Chr.

Ein goldenes Parfüm-fläschchen aus dem Grab eines etruskischen Adligen

Die Etrusker betrieben Handel mit den Griechen in Süditalien und übernahmen das griechische Alphabet, das sie nach und nach für ihre Schrift veränderten. Sie hatten sehr begabte Künstler, die kunstvolle Skulpturen aus Bronze und Terrakotta schufen und Grabwände mit farbenprächtigen Fresken verzierten.

Viele der Dinge, die wir heute als typisch römisch ansehen, hatten die Römer von den Etruskern übernommen. Sie liebten Wagen-rennen und Gladiatorenkämpfe, errichteten Bogenmonumente, Aquädukte und Abwasserkanäle und erfanden die Toga. Auch an der Regierung des frühen Rom waren sie beteiligt.

DIE KÖNIGE ROMS

An der Spitze des frühen Rom stand ein König, der von einem Ältestenrat, *Senes* genannt, ge-wählt und beraten wurde. Nach der römischen Überlieferung gab es sieben Könige, aber aus dieser Zeit gibt es keine schrift-lichen Aufzeichnungen, die das belegen könnten. Die letzten drei Könige sollen Etrusker gewesen sein.

Rom lag an einer Handels-route, die über den Tiber führte und die etruskische Händler benutzten. Experten glauben, dass die Etrusker um 600 v. Chr. die Macht in der Stadt übernahmen.

Unter den Etruskern entwickelte sich Rom zu einer eindrucksvollen Stadt mit einem öffentlichen Platz, der von Tempeln umgeben war, einem durchdachten Ent-wässerungssystem und gewaltigen Schutzmauern.

Die Etrusker schmückten ihre Sarkophage oft mit Skulpturen aus Terrakotta – hier mit diesem Ehepaar.

DER LETZTE KÖNIG ROMS

Die etruskischen Könige waren beim römischen Volk sehr unbeliebt, vor allem der letzte König Tarquinius Superbus („der Hochmütige"). 500 Jahre später schrieb der römische Geschichtsschreiber Livius die Geschichte dieses Königs nieder. Sein Bericht basiert aber wahrscheinlich auf Sagen, die die Römer von Generation zu Generation weitergaben.

TYRANNENHERRSCHAFT

Tarquinius kam auf den Thron, nachdem er den amtierenden König die Stufen des Senats hinuntergeworfen und auf diese Weise getötet hatte. Er war ein grausamer Tyrann, der den Senat nicht zu Rate zog und jeden ermordete, der ihm nicht passte.

Eines Nachts vergriff sich der Sohn des Tarquinius brutal an einer römischen Adligen namens Lucretia, während ihr Mann außer Haus war. Damit war das Maß voll. Die aufgebrachten Römer vertrieben Tarquinius und dessen Familie aus der Stadt.

HORATIUS, DER HELD

Tarquinius bat die Etrusker um Hilfe und konnte schließlich den König von Clusium (einer etwas nördlich gelegenen etruskischen Stadt) dazu überreden, Rom anzugreifen. Um dort hinzugelangen, musste die etruskische Armee aber eine Holzbrücke über den Tiber überqueren.

Ein furchtloser römischer Soldat namens Horatius stellte sich den Etruskern entgegen, während die Römer die Brücke hinter ihm abbrachen. Horatius sprang dann in den Fluss und schwamm zu den Römern zurück – Rom war gerettet.

Horatius verteidigt die Brücke gegen die etruskische Armee.

DIE GEBURT DER REPUBLIK

Obwohl es sich bei all diesen Geschichten eher um Sagen als um Tatsachen handelt, haben die Römer ihre etruskischen Herrscher tatsächlich vertrieben. Die Herrschaft des letzten Königs ging 510 oder 509 v. Chr. zu Ende und Rom wurde eine unabhängige Republik.

DIE RÖMISCHE REPUBLIK

DIE EROBERUNG ITALIENS

Die frühe römische Republik war auf allen Seiten von Feinden umgeben. Im Norden lebten die mächtigen Etrusker, während es in Mittelitalien viele streitbare Bergvölker gab wie z. B. die Volsker, die Äquer und die Samniten. Gelegentlich kam es auch zu Kriegen zwischen Rom und den benachbarten Latinerstädten. Durch ihre militärische Stärke und kluge Politik konnten sich die Römer allmählich gegen ihre Feinde behaupten und deren Gebiete übernehmen.

Eine Armee von Galliern beim nächtlichen Überfall auf das Kapitol

Römische Soldaten, die vom Geschnatter der Gänse wach wurden, eilen zur Verteidigung des Kapitols herbei.

DIE ANFÄNGE

Zu Beginn der Republik hätten die Römer die Bergvölker nicht allein besiegen können. Daher brauchten sie die Hilfe einer Gruppe von Latinerstädten, des so genannten Latinerbundes. Um 400 v. Chr. war Rom die führende Stadt des Bundes und das Gebiet der Republik war auf das Doppelte angewachsen. Bald dehnten die Römer ihr Gebiet auch nach Norden aus und besiegten die nahe gelegene etruskische Stadt Veii im Jahr 396 v. Chr.

ÜBERFALL AUF ROM

Dann kam es zur Katastrophe. Eine Armee von Galliern – eines Keltenstammes aus Mitteleuropa – zog Richtung Süden durch Italien und besiegte die Römer in einer erbitterten Schlacht am Fluss Allia. 390 v. Chr überfielen die Gallier Rom, brannten die meisten Gebäude nieder und belagerten das Kapitol – das religiöse Zentrum der Stadt. Der Sage nach wollten sich die Gallier eines Nachts unbemerkt auf das Kapitol schleichen, woraufhin einige der heiligen Gänse aus dem Tempel der Göttin Juno laut zu schnattern anfingen. Davon wurden die Römer wach und sie konnten den Angriff gerade noch rechtzeitig abwehren. Das Kapitol wurde sieben Monate lang belagert, und als die Gallier schließlich abzogen, ließen sie eine Stadt in Trümmern zurück.

WIEDERAUFBAU

Die Römer bauten ihre Stadt allmählich wieder auf und gewannen die verlorenen Gebiete nach und nach zurück. Die anderen Städte des Latinerbundes befürchteten, dass Rom zu mächtig werden könnte. So kam es 340 v. Chr. zum Latinerkrieg. Rom gewann diesen Krieg 338 v. Chr., der Latinerbund wurde aufgelöst und Rom übernahm die Herrschaft über Latium.

Etwa zur selben Zeit begann der erste der drei Samnitenkriege. Der Bergstamm der Samniten erzielte einige spektakuläre Siege über Rom, am Ende wurden sie aber besiegt – zusammen mit ihren Verbündeten, den Galliern und Etruskern. Um 290 v. Chr. beherrschte Rom den Großteil Mittel- und Norditaliens.

Dieses Fresko zeigt zwei samnitische Krieger mit federgeschmückten Helmen.

Die Gallier waren erbitterte Krieger, die mit Schwertern und Speeren kämpften.

MACHTERHALT

Die Römer konnten den unterworfenen Völkern gegenüber sehr großzügig sein. Jeder Stadt, die sich ergab, wurde ein Bündnis angeboten und ihre Bewohner erhielten einen eingeschränkten Bürgerstatus. Aber diejenigen, die sich widersetzten, wurden brutal getötet oder als Sklaven verkauft. Mit dieser Taktik konnten die Römer ihr immer größer werdendes Herrschaftsgebiet unter Kontrolle halten.

DER PYRRHUSKRIEG

282 v. Chr. wurde Rom in eine Auseinandersetzung zwischen rivalisierenden Griechenstädten im Süden hineingezogen und es unterstützte die Stadt Thurioi. Tarent – eine benachbarte Griechenstadt – zweifelte aber an den Motiven Roms und bat einen griechischen König namens Pyrrhus um Hilfe. Im folgenden Krieg besiegte Pyrrhus die Römer zweimal, dabei kamen aber viele seiner Soldaten ums Leben, weshalb er düster bemerkte: „Noch ein solcher Sieg und ich muss wohl allein nach Epirus zurückkehren."

Pyrrhus wurde 275 v. Chr. besiegt und ab 264 v. Chr. beherrschten die Römer ganz Italien. Rom war jetzt einer der mächtigsten Mittelmeerstaaten.

Diese Statue zeigt König Pyrrhus. Der Begriff „Pyrrhussieg" wird auch heute noch verwendet, wenn der Preis für einen Sieg zu hoch ist.

KAMPF UM DAS MITTELMEER

Während Rom seine Herrschaft in Italien immer weiter ausdehnte, wurde das westliche Mittelmeergebiet von den Karthagern dominiert, einer bedeutenden Handelsmacht aus Nordafrika. Solange sich die Handelsinteressen der Römer und Karthager nicht überschnitten, gab es keine Auseinandersetzungen. 264 v. Chr. kam es dann aber zum ersten von drei erbitterten Kriegen. Der Ausgang dieser Kriege – der Punischen Kriege – entschied, wer das Mittelmeer beherrschen würde.

SEESCHLACHTEN

Der Erste Punische Krieg begann mit einer Auseinandersetzung um die Insel Sizilien.

Münze mit dem Porträt Hamilkar Barkas, der die karthagische Armee während des Ersten Punischen Krieges anführte

Um den Krieg zu gewinnen, mussten die Römer die mächtige Flotte der Karthager besiegen. Die Römer hatten aber nur wenige Schiffe und bisher noch keine Seeschlachten geführt. Als sie dann ein gestrandetes karthagisches Kriegsschiff fanden, benutzten sie es als Modell für ihre eigene Flotte. Am Anfang gewannen die Römer zwei Seeschlachten – verloren aber alle ihre Schiffe auf stürmischer See.

Nachdem sie eine neue Flotte aufgebaut hatten, besiegten sie die Karthager 241 v. Chr. Das war das Ende des Ersten Punischen Krieges. Karthago musste eine hohe Entschädigungssumme an Rom entrichten und überließ ihm die Kontrolle über Sizilien – Roms erste überseeische Besitzung. Später gewannen die Römer auch noch Sardinien und Korsika dazu.

HANNIBAL ANTE PORTAS!

Die Karthager wandten sich nun weiter Richtung Westen und griffen Spanien an. 219 v. Chr. überfielen sie die spanische Stadt Sagunt – einen Bundesgenossen Roms. Im Jahr darauf machte sich der karthagische Feldherr Hannibal mit 35 000 Männern und 37 Elefanten auf den Weg nach Italien. Es kam zum Zweiten Punischen Krieg.

Die Römer versahen ihre Schiffe mit einem so genannten Corvus (Rabe), einer Enterbrücke, die an einem Ende mit einem Dorn versehen war. Hier entern sie damit ein karthagisches Schiff.

Wenn sich der Corvus in das gegnerische Schiff gebohrt hatte, konnten die Soldaten das feindliche Schiff stürmen.

Hannibal führte seine Truppen über zwei gewaltige Bergketten – die Pyrenäen und die Alpen. Unterwegs starben 10 000 Mann und alle Elefanten bis auf einen. Hannibal war aber ein außergewöhnlicher Feldherr und gewann eine Schlacht nach der anderen. 216 v. Chr. vernichtete er in der Schlacht bei Kannä ein komplettes römisches Heer.

Hannibal führt seine Armee über die Alpen.

Nachdem die Römer Hannibal in Italien nicht besiegen konnten, griffen sie Spanien und danach Karthago selbst an. Hannibal kehrte daraufhin nach Karthago zurück und wurde 202 v. Chr. in der Schlacht von Zama von dem römischen Feldherrn Scipio vernichtend geschlagen. Karthago musste enorme Entschädigungssummen leisten und seine Gebiete in Spanien an Rom abtreten.

DIE ZERSTÖRUNG KARTHAGOS

Obwohl die Karthager jetzt keine Gefahr mehr waren, befürchteten einige Römer, dass sie wieder erstarken könnten. Vier Jahre lang beendete der römische Senator Cato jede seiner Reden mit den Worten: „Übrigens meine ich, dass Karthago zerstört werden muss." 149 v. Chr. kam es zum Dritten Punischen Krieg. Drei Jahre später war Karthago besiegt und niedergebrannt. Die Karthager wurden in die Sklaverei verkauft und der Boden wurde mit Salz bestreut, weil dort nichts mehr wachsen sollte.

DIE HERRSCHAFT ROMS

Der Sieg über Karthago brachte Rom große Gebiete in Spanien und Nordafrika ein. Ungefähr zu dieser Zeit eroberten die Römer aber auch Teile Südfrankreichs und wurden in Kriege im östlichen Mittelmeerraum verwickelt.

168 v. Chr. gewannen die Römer die Herrschaft über den griechischen Staat Makedonien und ab 146 v. Chr. kontrollierten sie ganz Griechenland. 133 v. Chr. starb der König von Pergamon (in der heutigen Türkei), der Rom sein Königreich vermacht hatte. Die Römer, deren Herrschaftsgebiet sich nun von Spanien bis Asien erstreckte, waren jetzt die Herren des Mittelmeeres.

BÜRGER UND SENATOREN

Die Bevölkerung Roms bestand aus zwei Schichten – aus Bürgern und Nichtbürgern. Bürger hatten besondere Rechte und Privilegien und genossen zusätzlichen Schutz des Gesetzes. Deshalb war dieses Bürgerrecht sehr angesehen und begehrt. Im Gegenzug wurde aber von den Bürgern Roms erwartet, dass sie zu den Wahlen gingen, in der Armee kämpften oder öffentliche Ämter ausübten.

BÜRGER UND NICHTBÜRGER

Ursprünglich mussten römische Bürger in Rom geboren sein und Eltern haben, die ebenfalls römische Bürger waren. Zu den Nichtbürgern gehörten die Bewohner der Provinzen – die also außerhalb Roms, aber innerhalb des römischen Herrschaftsgebietes lebten – und die Sklaven. Die Bewohner der Provinzen hatten kein Wahlrecht und mussten im Gegensatz zu den Bürgern Steuern bezahlen. Sklaven galten als Besitztum und hatten überhaupt keine Rechte.

Römische Frauen wie diese hier mit ihrer Sklavin besaßen kein vollständiges Bürgerrecht und durften nicht wählen.

PATRIZIER UND PLEBEJER

Die römische Bürgerschaft bestand aus zwei Ständen: aus den Patriziern und den Plebejern. Im frühen Rom wurden die Oberhäupter der reichsten und mächtigsten Familien als *Patres* – oder „Väter" bezeichnet. Die Patrizier stammten von diesen Männern ab und waren die führenden Bürger Roms.

Statue eines Patriziers, der die Büsten zweier seiner Vorfahren in den Händen hält

Wer kein Patrizier war, war ein Plebejer. Viele Plebejer hatten keinen Landbesitz, keinen Beruf und waren sehr arm. Zu den Plebejern gehörten aber auch die Ladeninhaber oder Handwerker. Außerdem zählten zu den Plebejern noch die so genannten *Equites*, die Bankiers oder Händler waren. Diese wohlhabenden Männer stammten von den ersten römischen Kavallerieoffizieren ab.

REICHE HERRSCHER

Während der Republik wurde Rom vom Senat regiert – einer Gruppe von 300 Männern aus einflussreichen Patrizierfamilien. In den Senat wurden nur Männer aufgenommen, die große Ländereien besaßen. Sobald sie aber dem Senat angehörten, hatten sie einen Posten auf Lebenszeit. Von den Senatoren wurde erwartet, dass sie viel Geld für Unterhaltung ausgaben, ihre Anhänger unterstützten und den Bau öffentlicher Gebäude finanzierten. Einige Senatoren verarmten deswegen.

Diese Münze zeigt das Senatsgebäude in Rom.

SPITZENJOBS

Wenn ein Mann Konsul war, dann konnte er danach Prokonsul werden, also der Statthalter einer römischen Provinz im Ausland. Zwei weitere wichtige Ämter hatten die beiden Zensoren inne, die dafür sorgten, dass es genug Senatoren gab und jeder, der sich als römischer Bürger ausgab, dies auch wirklich war. In Notzeiten ernannte der Senat manchmal auch einen Mann zum Diktator auf Zeit. Dieser Mann besaß dann absolute Macht und stand über allen anderen.

Die Fasces – ein Rutenbündel mit Beil – symbolisierten die Macht eines Konsuls.

STÄNDEKÄMPFE

Bereits in der frühen römischen Geschichte war den Plebejern – vor allem den wohlhabenden – die Macht der Patrizier verhasst, auch sie wollten an der Regierung der Stadt beteiligt sein. 494 v. Chr. drohten sie aus Rom wegzuziehen und eine eigene Stadt zu gründen. Daraufhin erlaubte der Senat den Plebejern eine eigene Versammlung zu gründen und Repräsentanten zu wählen – so genannte Volkstribune –, die ihre Interessen vertreten sollten.

450 v. Chr. wurden nach Aufständen der Plebejer das herrschende Recht aufgezeichnet, das so genannte Zwölftafelgesetz entstand. Es wurde auf dem Forum aufgestellt. Die Menschen konnten die Gesetze jetzt dort nachlesen und überprüfen, ob sich die Richter in ihren Urteilen an sie hielten.

Im Laufe der Jahre durften die Plebejer auch Senatoren werden und sich um Regierungsämter bewerben. Der erste plebejische Konsul wurde 366 v. Chr gewählt und nach 287 v. Chr. wurden alle Beschlüsse der Plebejerversammlung rechtsgültige Gesetze – und zwar auch dann, wenn der Senat nicht damit einverstanden war.

SPQR

Buchstabenfolge für Senatus Populusque Romanus (Senat und Volk von Rom). Diese Inschrift findet man oft auf römischen Reliefs.

DIE KARRIERE-LEITER

Wenn ein junger Römer eine Karriere in der Politik anstrebte, dann war der Weg an die Spitze lang, schwierig und kostspielig. Nach einigen Jahren in der Armee musste der zukünftige Politiker in eine Reihe von Regierungsämtern gewählt werden. Das höchste Amt war das des Konsuls. Die Bilder rechts zeigen die übliche politische Laufbahn eines ehrgeizigen Römers.

DIE REPUBLIK IN DER KRISE

Im Lauf der Zeit waren die Plebejer immer mächtiger geworden, sodass sie im 3. Jh. v. Chr. in der Regierung Roms eine wichtige Rolle spielten. Einige patrizische Senatoren fühlten sich dadurch bedroht und es kam zu Spannungen. Ab dem 2. Jh. v. Chr. folgte eine Krise der anderen und es brach eine Zeit der Unruhen und des Blutvergießens an.

DIE GRACCHEN

Als aus Rom allmählich ein Weltreich wurde, mussten die Soldaten immer mehr Zeit im Ausland verbringen und konnten ihre Ländereien nicht mehr bestellen. Viele dieser vernachlässigten Güter wurden von reichen Landbesitzern aufgekauft, die den Boden dann von Sklaven bestellen ließen.

Viele Menschen, die weder Arbeit noch Land hatten, zogen aus den ländlichen Regionen nach Rom, wo sie auch keine Arbeit fanden und in ärmsten Verhältnissen lebten. Und da nur Landbesitzer in die Armee durften, gab es bald nicht mehr genügend Soldaten.

Im Jahr 133 v. Chr. schlug der Volkstribun Tiberius Gracchus vor, dass alles Land, das sich die Reichen unrechtmäßig angeeignet hatten, an die armen Stadtbewohner gegeben werden sollte. Viele Senatoren waren dagegen, weil ihnen ein Großteil dieses Landes gehörte. Es kam zu Unruhen und Tiberius wurde erschlagen. 123 v. Chr. wurde Gajus Gracchus, der Bruder des Tiberius Gracchus, zum Volkstribun gewählt. Auch er wollte sich für die Armen einsetzen, aber er scheiterte und beging Selbstmord.

MARIUS UND DIE ARMEE

107 v. Chr. herrschte Krieg in
Nordafrika und Gajus Marius –
einer der größten römischen
Feldherrn – erhielt den Oberbefehl über die dortigen Truppen.
Marius gewann den Krieg und
als er auch noch zwei keltisch-
germanische Stämme, die
Kimbern und Teutonen, besiegte,
die in Italien eingefallen waren,
galt er als Nationalheld. In der
Politik war er weniger erfolgreich.
Er verärgerte viele Senatoren, weil
er sich für Reformen einsetzte.

Marius reformierte die Streit-
kräfte. Von nun an durften alle
Bürger in die Armee, nicht nur
die Landbesitzer. Viele der neuen
Soldaten waren sehr arm und sie
verließen sich darauf, dass ihre
Feldherren sie nach ihrem Dienst
in der Armee versorgten. Diese
Tatsache hatte enorme Aus-
wirkungen auf die Politik, da
einige Feldherren versuchten mit
Hilfe ihrer treuen Truppen an die
Macht zu gelangen.

MARIUS UND SULLA

88 v. Chr. wurde Cornelius Sulla
zum Konsul gewählt. Er sollte mit
seiner Armee gegen Mithridates
VI. marschieren, den König von
Pontus (Türkei). Dann wurde ihm
aber per Volksbeschluss der
Oberbefehl entzogen und
Marius erhielt das
Kommando. Sulla
marschierte darauf
mit seiner Armee
nach Rom, über-
nahm die Macht
in der Stadt und
vertrieb Marius.

Danach machte sich
Sulla auf den Weg
nach Pontus und
Marius kehrte mit
seiner Armee zurück.
Er eroberte die Stadt
und ließ alle Anhän-
ger Sullas ermorden.
Marius starb 86 v. Chr.
Als Sulla nach Rom zurückkehrte,
waren die Anhänger des Marius
noch immer an der Macht. Er
besiegte sie, ließ sie alle töten
und herrschte in Rom von 82 bis
80 v. Chr als Diktator.

POMPEJUS MAGNUS

Einer der Feldherren an Sullas
Seite war Gnäus Pompejus, auch
bekannt als Pompejus Magnus
(der Große). Pompejus gewann
bis 72 v. Chr. Spanien von Ser-
torius zurück und half dem Senator Crassus einen Sklavenaufstand niederzuschla-
gen, der von dem
Gladiator Spartakus
angeführt wurde.
70 v. Chr. wurden
er und Crassus zu
Konsuln gewählt.

*Skulptur des
Pompejus Magnus*

Pompejus galt bald als
Held. In nur drei Mona-
ten hatte er das Mittel-
meer von allen Piraten
befreit, die die italische
Küste unsicher gemacht
hatten. Dann ordnete er
die römischen Provinzen in Vorderasien neu und eroberte viele
neue Gebiete. Als er aber nach
Rom zurückkehrte, wandte sich
der Senat gegen ihn. Enttäuscht
sah sich Pompejus nach neuen
Verbündeten um. Einer dieser
neuen Verbündeten war ein
talentierter Politiker namens
Gajus Julius Cäsar.

*Kriegsgefangene
wurden zusammen
mit ihren Waffen
durch die Stadt
getragen.*

*Wenn der Triumphzug
beim Jupitertempel auf
dem Kapitol ankam,
wurden weiße Stiere
geopfert.*

Kriegsbeute

*Der Triumphzug
wurde von
Senatoren
angeführt.*

GAJUS JULIUS CÄSAR

Münze mit dem Profil Julius Cäsars

Gajus Julius Cäsar stammte aus einer alten Patrizierfamilie, die ihren Ursprung auf die Göttin Venus und den legendären Helden Äneas zurückführte. Er war ein geschickter Politiker, ein talentierter Redner und ein herausragender Feldherr. Heute gilt er als eine der bemerkenswertesten Persönlichkeiten der römischen Geschichte.

STEILER AUFSTIEG

60 v. Chr. verbündete sich Cäsar mit Pompejus und Crassus (1. Triumvirat), durch deren Unterstützung er im Jahr darauf Konsul wurde. Nach seiner einjährigen Amtszeit überredete er den Senat dazu, ihm das Kommando über die römischen Gebiete in Südgallien zu übertragen. Jetzt konnte er sein militärisches Können beweisen. Bald hatte er auch den Rest Galliens erobert, sodass das römische Herrschaftsgebiet nun bis zum Ärmelkanal und an den Rhein reichte.

ERSTE HINDERNISSE

Nach dem Tod von Cäsars Tochter Julia, die mit Pompejus verheiratet war, gab es immer weniger, was die beiden Männer miteinander verband. Der Senat beobachtete die zunehmende Macht Cäsars mit Sorge und beschloss, Pompejus zu unterstützen und die beiden Männer gegeneinander aufzubringen. Cäsar sollte sein Kommando in Gallien aufgeben und ohne seine Armee nach Rom zurückkehren. Falls er sich weigerte, bedeutete das Bürgerkrieg.

DIE IDEN DES MÄRZ

Im Januar 49 v. Chr. trotzte Cäsar dem Senat und führte seine Armee über den Rubikon nach Italien. Pompejus zog sich nach Griechenland zurück und Cäsar übernahm die Macht in Rom. Er besiegte Pompejus 48 v. Chr. und schlug Aufstände in Nordafrika und Spanien nieder. 45 v. Chr. war Cäsar der mächtigste Mann Roms.

Sobald Cäsar an der Macht war, erließ er neue Gesetze, um den Armen zu helfen und die Verwaltung der römischen Gebiete zu verbessern. Aber er traf seine Entscheidungen ohne den Senat und im Jahr 44 v. Chr. wurde er Diktator auf Lebenszeit. Einige Politiker glaubten, dass er zu mächtig geworden war. An den Iden des März (15. 3.) des Jahres 44 v. Chr. wurde er von einer Gruppe von Senatoren erstochen. Bald darauf kam es wieder zum Bürgerkrieg, der das Ende der Republik einläutete.

Die Ermordung Cäsars. Szene aus einer modernen Inszenierung des Theaterstücks „Julius Cäsar" von William Shakespeare

DIE RÖMISCHE KAISERZEIT

DER BEGINN DER KAISERZEIT

Nach der Ermordung Julius Cäsars im Jahr 44 v. Chr. galt dessen Freund Markus Antonius als möglicher Nachfolger. Cäsars Adoptivsohn und Erbe, Oktavian, war erst 18 Jahre alt und wurde deshalb für dieses Amt als zu jung erachtet. Aber als Oktavian von Cäsars Tod hörte, eilte er nach Rom, wo er von vielen Anhängern Cäsars freundlich empfangen wurde. Es kam zu einem chaotischen Machtkampf.

Römische Münze mit einem Porträt des Antonius

ZWEI HERRSCHER

42 v. Chr. hatten sich Antonius und Oktavian all ihrer Feinde entledigt und sie besaßen nun uneingeschränkte Macht. Ihre gegenseitige Abneigung war aber so groß, dass eine Zusammenarbeit unmöglich war. Deshalb beschlossen sie das römische Staatsgebiet unter sich aufzuteilen. Oktavian übernahm den westlichen und Antonius den östlichen Teil.

ERSTE KÄMPFE

Markus Antonius hatte im Senat viele Feinde. Sie wollten verhindern, dass er an die Macht kam, und überredeten die anderen Senatoren dazu, ihn zu ächten. Oktavian, der von den Senatoren unterstützt wurde, marschierte mit einer Armee gegen Antonius und besiegte ihn in der Schlacht bei Mutina in Norditalien.

Oktavian wollte daraufhin Konsul werden. Als ihm der Senat aber dieses Amt verwehrte, änderte Oktavian seine Pläne. Er tat sich mit Antonius und Lepidus – einem Verbündeten des Antonius – zusammen (2. Triumvirat) und die drei Männer marschierten mit einer riesigen Armee in Rom ein. Sie zwangen den Senat sie als Herrscher anzuerkennen und tausende ihrer Gegner wurden hingerichtet. Lepidus zog sich bald zurück und so hatten nun Oktavian und Antonius gemeinsam die Macht im Staat inne.

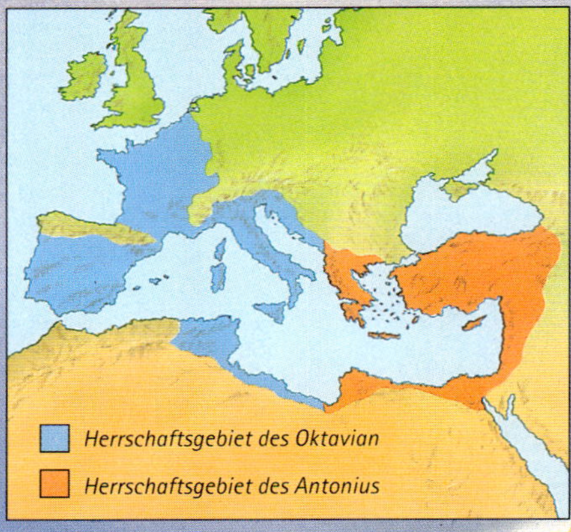

Die Aufteilung des römischen Herrschaftsgebietes zwischen Antonius und Oktavian

Viele Schiffe des Antonius wurden versenkt.

Man versuchte die Schiffe des Gegners mit einem Rammsporn aus Metall zu zerstören.

Dieses Relief zeigt die ägyptische Königin Kleopatra mit ihrem königlichen Kopfschmuck.

Zehn Jahre lang (41–31 v. Chr.) lebte Antonius zusammen mit Kleopatra, der ägyptischen Königin, in Ägypten. Oktavian war in Rom geblieben und hatte die Gunst des Volkes und des Senats gewonnen. Das gegenseitige Misstrauen der beiden Herrscher verstärkte sich aber immer mehr und die Lage spitzte sich zu.

31 v. Chr. kam es zum Krieg. Oktavian besiegte Antonius und Kleopatra in der Seeschlacht bei Aktium vor der Westküste Griechenlands und das verzweifelte Paar floh nach Ägypten. Als Oktavian ihnen dorthin folgte, begingen sie Selbstmord.

Szene aus der Seeschlacht bei Aktium

Oktavian hatte eine größere Flotte als Antonius und umzingelte die Schiffe seines Gegners.

HEIL DIR, AUGUSTUS!

Oktavian übernahm die Macht in Ägypten und herrschte nun über das gesamte römische Staatsgebiet. 27 v. Chr. bot er dem Senat an ihm seine Machtbefugnisse zu übertragen, was er aber nie wirklich vorhatte. Oktavian hatte die Armee hinter sich und jeder wusste, dass nur er das römische Volk einen konnte. Der Senat verlieh Oktavian den Namen Augustus, „der Erhabene".

Die Römer bezeichneten Augustus gemäß seinem militärischem Titel als *Imperator*. Augustus gilt als erster römischer Kaiser und die Zeitspanne der römischen Geschichte, die mit seiner Herrschaft begann, wird auch als Kaiserzeit bezeichnet.

Augustus war ein kluger und fähiger Herrscher, der nach Jahrzehnten des Bürgerkriegs für Frieden sorgte. Als er 14 n. Chr. starb, hatten sich die meisten Menschen daran gewöhnt, dass ihr Staat von einem mächtigen Alleinherrscher regiert wurde. Damit war die Republik für immer zu Ende.

Statue des Augustus in der Uniform eines römischen Feldherrn

DIE RÖMISCHEN KAISER

Augustus war der erste einer Reihe von Kaisern, die die römische Welt über 400 Jahre lang regierten. Die meisten Kaiser gaben vor sich mit dem Senat zu beraten. In Wirklichkeit machten sie aber, was sie wollten. Sie herrschten zwar über ein riesiges Gebiet, aber wenn sie sich unbeliebt machten, konnte ihr Leben bald in Gefahr sein. Neidische Rivalen und Attentäter waren nie weit entfernt.

Diese Münze zeigt Kaiser Tiberius mit dem Lorbeerkranz – einem militärischen Siegessymbol, das römische Kaiser häufig trugen.

DIE PRÄTORIANERGARDE

Die Prätorianergarde war die Schutztruppe des Kaisers. Diese Soldaten sollten den Kaiser und dessen Familie beschützen und ihm treu ergeben sein. Manchmal hatten die Prätorianer aber auch ihre eigenen Vorstellungen davon, wer Rom regieren sollte, sodass mehrere Kaiser von ihren Leibwächtern ermordet wurden.

DIE NACHFOLGER DES AUGUSTUS

Als Augustus im Jahr 14 starb, brach für dessen Familie eine turbulente Zeit an.
Es gab Intrigen und Verrat und einige seiner Nachfolger waren für ihre Grausamkeiten berüchtigt.

Kaiser Tiberius (14–37), der Stiefsohn des Augustus, war ein strenger Herrscher. Aus Angst vor möglichen Mordanschlägen ließ er dutzende bedeutender Römer hinrichten. Er zog sich auf die Insel Capri zurück, wo er die letzten elf Jahre seiner Herrschaft verbrachte und ungebetene Besucher einfach über die Klippen in den Tod werfen ließ.

Der nächste Kaiser, Caligula (37–41), war möglicherweise geisteskrank. Er hielt sich für einen Gott und ernannte angeblich sein Pferd zum Konsul. Einmal ließ er seine Soldaten das Meer angreifen, weil er auf Neptun, den römischen Gott des Meeres, wütend war.

Der Schauspieler John Hurt als Kaiser Caligula in der Fernsehserie „Ich, Claudius, Kaiser und Gott"

Kaiser Nero, den viele für den Brand von Rom im Jahr 64 n. Chr. verantwortlich machten

Nero (54–68) war ein skrupelloser Kaiser, der alle, die sich ihm widersetzten, ermorden ließ. Dazu gehörten auch seine Frau und seine Mutter. Er liebte die Kunst, Musik und Poesie und zum Entsetzen des römischen Volkes trat er in aller Öffentlichkeit als Sänger auf und spielte dazu Lyra (Musiker waren damals nicht sehr angesehen). Neros Darbietungen konnten sehr lange dauern, und da das Publikum die Vorstellung nicht vorzeitig verlassen durfte, stellten sich manchmal Menschen tot, damit sie hinausgetragen wurden.

DAS VIERKAISERJAHR

Nach Neros Tod folgte eine Zeit enormer Unruhen. Von 68 bis 69 herrschten in Rom in einem einzigen Jahr nicht weniger als vier Kaiser. Der letzte dieser Kaiser, Vespasian, war ein römischer Feldherr, der das Römische Reich mit Hilfe seiner Soldaten schließlich wieder stabilisierte.

CLAUDIUS UND DIE 5 GUTEN KAISER

Viele Kaiser waren vernünftige und gerechte Herrscher, die sich darum bemühten, das riesige Imperium gut zu regieren und zusammenzuhalten.

Kaiser Claudius (41–54), dem Neffen des Tiberius, trauten viele die Regierungsgeschäfte nicht zu, weil er seit seiner Kindheit geh- und sprachbehindert war. Tatsächlich erwies er sich aber als ein hervorragender Kaiser, auch wenn er schließlich ermordet wurde. Einige Historiker glauben, dass ihn seine Frau mit einem Pilzgericht vergiftete.

Ab dem Jahr 96 herrschte der kluge und gerechte Kaiser Nerva. Ihm folgten vier fähige Kaiser, die, zusammen mit Nerva, auch als die „fünf guten Kaiser" bezeichnet werden. Sie dehnten die Grenzen des Imperiums aus, verbesserten die Verwaltung, behandelten die Senatoren mit Respekt und gewannen so deren Unterstützung.

DIE ADOPTIVKAISER

Ursprünglich konnten nur Verwandte des letzten Herrschers Kaiser werden. Nerva begründete aber eine neue Tradition. Er wählte sich seinen zukünftigen Nachfolger aus und adoptierte ihn. (Auf Seite 99 findet ihr eine vollständige Liste aller römischen Kaiser.)

Kaiser Claudius war zwar schüchtern und nervös, aber er war auch ein fähiger Herrscher. Er eroberte den Südosten Britanniens im Jahr 43 n. Chr. und schob die Nordgrenze des Römischen Reiches in Süddeutschland bis zur oberen Donau vor.

DIE STADT ROM

Das alte Rom – Hauptstadt des Imperiums und Wohnsitz der römischen Kaiser – war eine Stadt enormer Unterschiede. Neben prunkvollen öffentlichen Gebäuden gab es viele *Insulae*, mehrstöckige Mietshäuser, die schlecht gebaut waren und in denen viele Menschen auf engstem Raum lebten. Wohlhabende Bürger konnten ein Leben in unglaublichem Überfluss führen, während viele Römer im Gegensatz dazu bettelarm waren.

DIE STADT AUS MARMOR

Rom veränderte sich ständig. Alle Kaiser wollten die Stadt nach ihrem Geschmack prägen und ließen eindrucksvolle neue Gebäude und Denkmäler errichten. Kaiser Augustus veränderte das Bild Roms von Grund auf und rühmte sich stolz damit, er habe eine Stadt aus Ziegelsteinen vorgefunden und eine Stadt aus Marmor hinterlassen.

Im Herzen der Stadt lag das Forum Romanum – ein großer öffentlicher Platz, der als Marktplatz und Versammlungsort diente. Das Forum wurde gesäumt von Basiliken, in denen Gerichte untergebracht waren, und von großartigen Tempeln. An einem Ende stand das Senatsgebäude – die *Curia*. Als die Bevölkerung Roms immer stärker anwuchs, wurde das Forum Romanum für Versammlungen zu klein. Deshalb ließen sich einige Kaiser in der Nähe ihre eigenen *Foren* bauen.

Diese Zeichnung zeigt das Forum Romanum auf dem Höhepunkt des Imperiums.

STRASSENLEBEN

Die meisten Straßen Roms – auf denen sich jeden Tag Unmengen von Menschen drängten – waren extrem eng und unglaublich laut. Vor den Läden lagen Waren auf Tischen aus und tagsüber waren die Straßen für Lastkarren gesperrt. Die wichtigsten Straßen wurden zwar gereinigt, aber die engeren Gassen waren mit einer dicken Abfallschicht übersät. Fußgänger lebten gefährlich, denn die Menschen warfen ihren Müll oft einfach nur aus dem Fenster.

NACHTLEBEN

Sobald es dämmerte, rumpelte ein endloser Strom von Lastkarren durch die Stadt. Da es keine Straßenbeleuchtung gab, war die Stadt nachts in Dunkelheit gehüllt. Diebe und Mörder lauerten an den Straßenecken und wohlhabende Bürger verließen ihre Häuser nicht ohne den Schutz von Sklaven. Der Satiriker Juvenal spottete, es sei töricht, nach Einbruch der Dunkelheit aus dem Haus zu gehen, ohne vorher sein Testament gemacht zu haben.

Die Gebäude waren mit dünnen, strahlend weißen Marmorplatten verkleidet.

Der Tempel des Kastor und Pollux war den Zwillingssöhnen des Gottes Zeus geweiht.

Der Tempel der Vesta, wo die Vestalinnen das heilige Feuer hüteten

GETREIDESPENDEN

Im 1. Jh. n. Chr. lebte über eine
Million Menschen in Rom und
viele von ihnen waren so arm,
dass sie von der Regierung
unterstützt werden mussten. Die
ärmsten 200 000 Bürger und
deren Familien erhielten
Getreidespenden. Das meiste
Getreide kam aus Ägypten,
und wenn die Getreideschiffe
Verspätung hatten, konnte es zu
gewalttätigen Übergriffen und
Unruhen kommen.

FEUER! FEUER!

Die meisten Römer wohnten in
den *Insulae* – mehrstöckigen
Mietshäusern –, die nicht sehr
stabil gebaut waren. Beheizt wurden die Wohnungen mit Holz-
kohle, die in metallenen Becken
glimmte. Da es immer wieder zu
Bränden kam, gründete Augustus
die *Vigiles,* eine Feuerwehr, die die
Brände in der Stadt bekämpfen
sollte. Sie war aber nur mit Ei-
mern und Spritzen ausgerüstet
und gegen große Brände
machtlos.

Im Jahr 64 wurde Rom vom
schlimmsten Brand seiner
Geschichte heimgesucht. Nur vier
der vierzehn Bezirke der Stadt
blieben unversehrt und drei
brannten bis auf die Grundmauern nieder. Damals dachten
viele Römer, Kaiser Nero habe das
Feuer gelegt, damit er sich auf den
Ruinen der Stadt einen prächtigen
Palast bauen konnte. Es hieß,
Nero habe zugesehen, wie Rom
brannte, und dabei gesungen und
Lyra gespielt. Vielleicht hat er aber
in Wirklichkeit sogar geholfen die
Brände zu löschen.

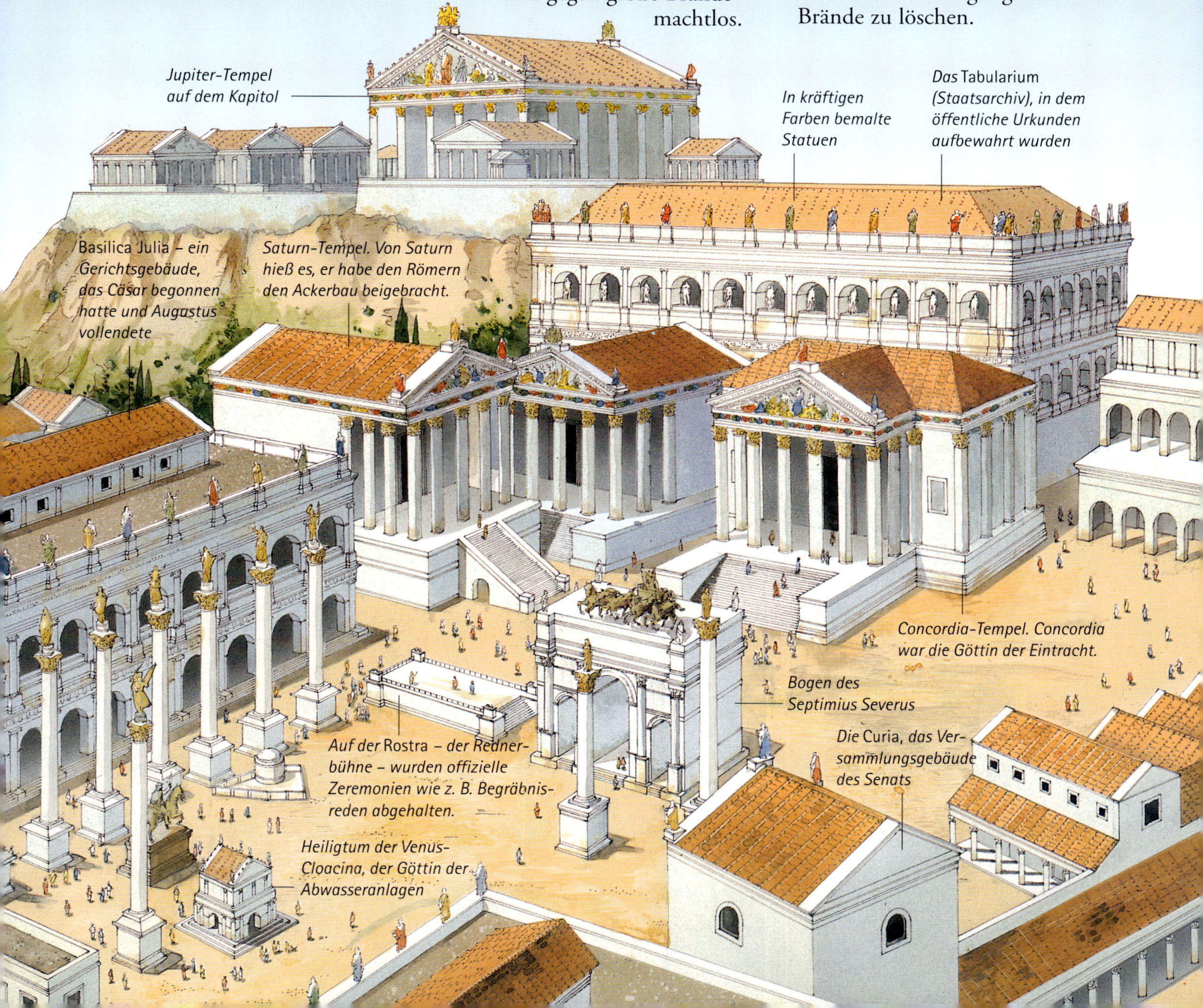

DIE RÖMISCHE ARMEE

Ohne die mächtige römische Armee hätte es das römische Imperium nicht gegeben. Diese hervorragend ausgebildeten und höchst disziplinierten Soldaten bildeten eine der gefürchtetsten und erfolgreichsten Armeen. Jahrhundertelang schien sie unbesiegbar zu sein.

DIE ANFÄNGE DER ARMEE

Zur Zeit der frühen Republik gab es in Rom keine Berufsarmee. Nur Bürger, die Land besaßen, durften für Rom kämpfen, und nur wenige dieser Landbesitzer waren das ganze Jahr über Soldaten. Bei Kriegsbeginn wurden tausende Männer zum Kriegsdienst einberufen. Sie mussten aber ihre eigenen Waffen und ihre eigene Ausrüstung stellen und kehrten nach Beendigung der Kämpfe nach Hause zurück.

DIE ENTSTEHUNG DER BERUFSARMEE

Als Rom die ersten überseeischen Kriege führte und sein Gebiet weiter ausdehnte, brauchte es eine größere und bessere Armee, um weit entfernte Gebiete zu erobern und abgelegene Provinzen zu sichern. Im 2. Jh. v. Chr. reformierte der römische Feldherr Gajus Marius die Armee völlig neu und machte aus ihr ein stehendes Berufsheer.

Jede Zenturie hatte ein eigenes, verziertes Feldzeichen, Signum genannt, das von einem Signifer getragen wurde.

Männer in der Rüstung römischer Soldaten. Der Mann mit dem quer gestellten Helmbusch ist ein Zenturio – ein Offizier, der eine Zenturie anführte (eine Gruppe von 80 Mann).

MARIANISCHE MAULTIERE

Nach der Heeresreform des Marius durften alle römischen Bürger in die Armee und alle Soldaten erhielten dieselbe Ausbildung und dieselben Waffen. Die Soldaten bekamen jetzt auch Sold, was dazu führte, dass viele Arme zur Armee gingen. Marius ließ die römischen Legionäre eine so schwere Ausrüstung mit sich tragen, dass sie auch als „Marianische Maultiere" bekannt wurden.

DER AUFBAU DER ARMEE

Die römische Armee war in Legionen aufgeteilt. Jede Legion bestand aus 6000 Mann. Die Soldaten (Legionäre) waren gut ausgebildet und höchst diszipliniert.

Kavalleriehelm aus Bronze und Eisen

Diese Bronzestatue zeigt einen Aquilifer, einen Soldaten, der den goldenen oder silbernen Legionsadler, das Feldzeichen einer Legion, trug.

Die meisten Soldaten kämpften zu Fuß, aber es gab auch eine Kavallerie – berittene Soldaten, die neben den Legionen herritten, nach vorne galoppieren und die Feinde einkreisen konnten. (Mehr Informationen über den Aufbau der Armee findet ihr auf den Seiten 100 und 101.)

DIE WAFFEN DER LEGIONÄRE

Die meisten ihrer Schlachten trugen die Römer auf freiem Feld aus, wo sie ihre Gegner mit dem *Pilum,* einem Wurfspieß, und Kurzschwertern angriffen. Die römische Armee verstand sich aber auch hervorragend auf das Belagern und Einnehmen von Städten. Erst bildeten die Soldaten einen Belagerungsring um die Stadt. Dann schleuderten sie mit Katapulten Steine auf die Verteidiger und versuchten die Mauern mit Rammböcken zu durchbrechen.

AUXILIARTRUPPEN

Aus allen eroberten Gebieten rekrutierten die Römer Soldaten. Daher verfügte die Armee über einen beinahe endlosen Truppennachschub. Diese nichtrömischen Soldaten, die *Auxilia,* besaßen oft spezielle Fertigkeiten, die sie für die Armee besonders nützlich machten. Vorderasiatische Soldaten waren z. B. geschickte Bogenschützen und auch in der Kavallerie gab es viele Auxiliarsoldaten. Im 2. Jh. n. Chr. gab es mehr Auxiliarsoldaten als Legionäre. Als Belohnung für ihre treuen Dienste erhielten die Auxiliarsoldaten nach ihrem Dienstende das römische Bürgerrecht.

Dieses Relief zeigt vorderasiatische Bogenschützen, die als Auxiliarsoldaten in der römischen Armee dienten.

SOLDATENLEBEN

Das Leben der römischen Soldaten spielte sich nicht nur auf dem Schlachtfeld ab, wo sie glorreiche Siege errangen. Viele Soldaten verbrachten einen Großteil ihrer Zeit in Lagern und Kastellen, wo sie die Reichsgrenzen sicherten und Straßen und Brücken bauten, damit die Truppen schnell vorwärts kamen.

AUF DEM MARSCH

In Kriegszeiten waren die Legionäre oft viele Tage unterwegs, bevor sie das Schlachtfeld erreichten. Stundenlang marschierten die Soldaten in gleich bleibendem Tempo und legten täglich bis zu 30 km zurück. Wenn das Gelände für Karren zu sumpfig oder zu hügelig war, mussten die Soldaten ihre gesamte Ausrüstung auf dem Rücken transportieren. Und wenn es über einen Fluss keinen Weg gab, dann bauten die Soldaten aus Baumstämmen eine Brücke.

Das Marschgepäck bestand aus Waffen, Lebensmitteln, Kochtöpfen und Schanzgerät.

DAS MARSCHLAGER

Wenn eine Legion auf dem Marsch war, machte sie jede Nacht Rast und schlug ein Marschlager auf. Rings um das Lager hoben die Soldaten einen tiefen Graben aus und schütteten die ausgehobene Erde zu einem hohen Wall auf, der durch eine Palisade verstärkt wurde. Innerhalb des Walls wurden Zelte in Reihen aufgestellt. Am nächsten Morgen brachen die Soldaten das Lager wieder ab und marschierten weiter.

DAS STANDLAGER

Bis zum 2. Jh. n. Chr. hatten die Römer große Gebiete erobert, aber diese Gebiete mussten auch gesichert werden. Um die Reichsgrenzen zu verteidigen, wurden deshalb die meisten Legionen in dauerhaft befestigten Standlagern stationiert. Das Leben in einem römischen Lager war straff organisiert. Durch laute Trompetensignale wurden die Soldaten morgens geweckt und zu den Mahlzeiten gerufen. Jeden Tag wurde ein neues Passwort an die Legionäre ausgegeben, damit sich feindliche Spione nicht in das Lager schleichen konnten.

Römische Militärlager, die großen Legionslager und auch die kleineren Kastelle, waren wie kleine Städte organisiert. Es gab ein Bad, ein Heiligtum und sogar ein Gericht. Hier sieht man einen Teil eines typischen Kastells.

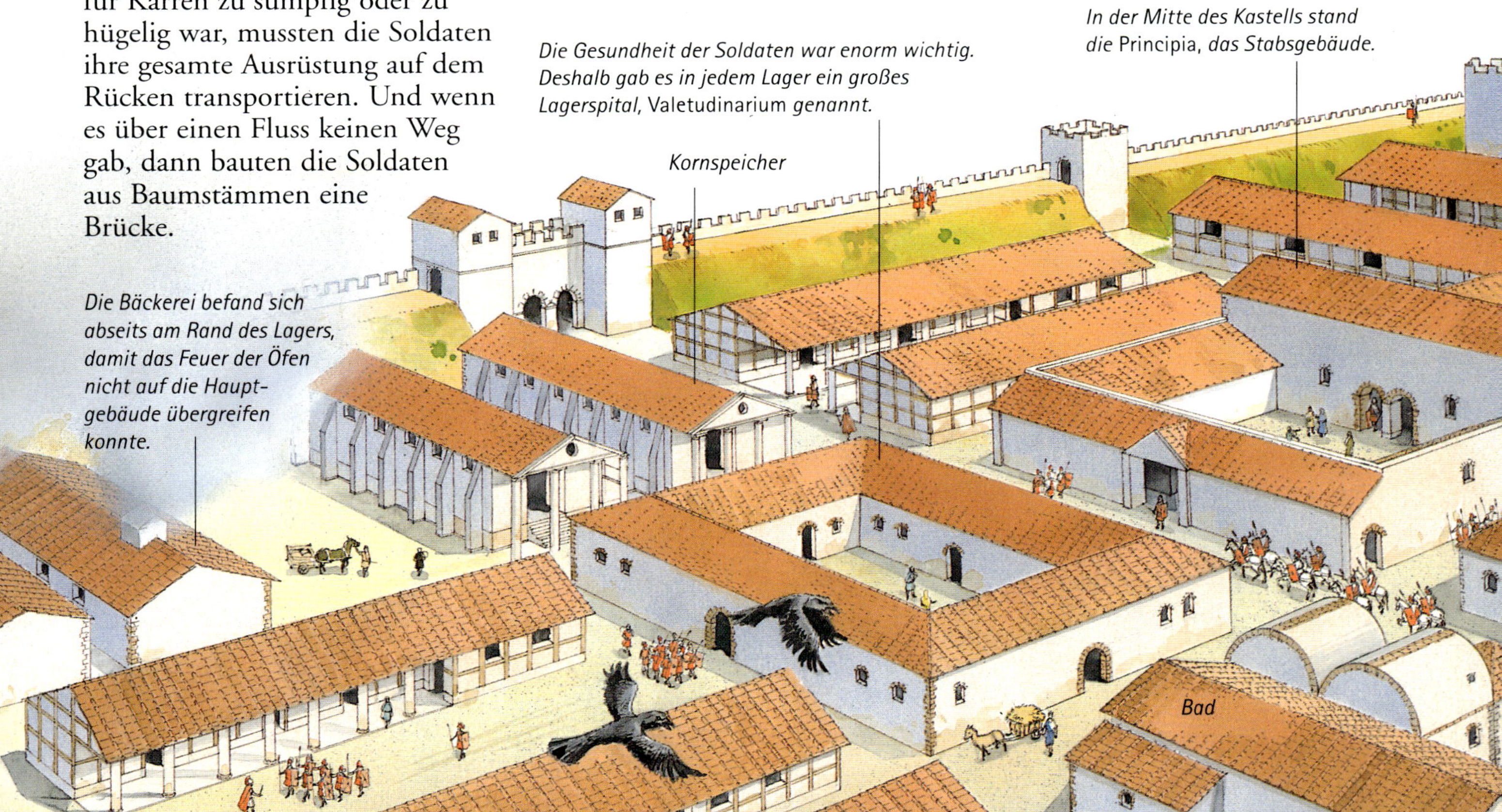

Die Gesundheit der Soldaten war enorm wichtig. Deshalb gab es in jedem Lager ein großes Lagerspital, Valetudinarium genannt.

In der Mitte des Kastells stand die Principia, das Stabsgebäude.

Die Bäckerei befand sich abseits am Rand des Lagers, damit das Feuer der Öfen nicht auf die Hauptgebäude übergreifen konnte.

Zum Tagesablauf einer Legion gehörte ein hartes Trainingsprogramm – die Soldaten liefen und schwammen und hatten sich im Speerwurf und Schwertkampf zu üben. Außerdem mussten sie zur Kriegsvorbereitung Übungsschlachten führen. Wenn ein Soldat Anweisungen nicht befolgte, erhielt er Schläge, und wenn eine ganze Legion rebellierte, wurde jeder Zehnte getötet.

Bei Paraden trugen Kavalleristen solche Masken und Helme aus Metall.

VOR- UND NACHTEILE

Römische Soldaten genossen viele Vorteile – sie wurden gut bezahlt, hatten die Aussicht auf mögliche Kriegsbeute und wurden medizinisch besser versorgt als die meisten anderen Menschen. Pensionierte Soldaten erhielten große Geldsummen oder ein Stück Land. Außerdem konnten Soldaten einer Vereinigung beitreten, die ihnen für einen geringen Mitgliedsbeitrag ein angemessenes Begräbnis zusicherte.

Aber es gab auch Nachteile. In Kriegszeiten konnten die Legionäre jederzeit verletzt oder getötet werden und in längeren Friedenszeiten konnte das Leben manchmal sehr eintönig sein. Vor allem wenn man bedenkt, dass viele Soldaten 25 Jahre lang in der Armee waren.

TÜCHTIGE BAUMEISTER

Viele Soldaten waren nicht nur ausgezeichnete Kämpfer, sondern auch erfahrene Bauhandwerker. In Friedenszeiten halfen sie beim Bau von Kanälen, Brücken und Gebäuden und errichteten Straßen durch das ganze Imperium.

Bau einer Römerstraße

Die Oberfläche der Straße bildeten flache Steinplatten.

Das ausgehobene Straßenbett wurde mit Sand, Schotter und Steinen aufgefüllt.

Römerstraßen verliefen immer so geradlinig wie möglich, damit eine Legion auf direktem Weg in ein Krisengebiet marschieren konnte. Selbst heute verlaufen viele Straßen in Europa noch entlang dieser alten Römerstraßen.

Das Praetorium, Wohnhaus des Kommandanten

Auf jeder Seite des Kastells gab es ein stark befestigtes Tor.

Die meisten Soldaten waren in engen Unterkünften untergebracht. Acht Männer teilten sich eine Stube.

In den Werkstätten, Fabricae genannt, wurden Waffen gefertigt.

Das Kastell war von einem hohen Erdwall mit Mauerfront umgeben.

Zum Schutz vor Angriffen wurden rings um den Wall Gräben ausgehoben.

DIE AUSDEHNUNG DES IMPERIUMS

Die Eroberung neuer Territorien bescherte den Römern Wohlstand und Sklaven und den Kaisern glorreiche Siege. Während der folgenden 150 Jahre wurde das römische Herrschaftsgebiet so stark ausgedehnt, dass Rom schließlich eines der größten Imperien der Weltgeschichte wurde.

NEUE EROBERUNGEN

55 v. Chr. versuchten die Römer zum ersten Mal Britannien zu erobern. Die britannischen Stämme wehrten sich aber so standhaft, dass Cäsar wieder den Rückzug antrat. 43 n. Chr. gelang es schließlich Kaiser Claudius, Südostbritannien zu erobern. Unter Kaiser Augustus eroberten die Römer ab 15 v. Chr. den Alpenraum und stießen über den Rhein nach Germanien vor. Unter Kaiser Claudius wurde die Donau als nördliche Reichsgrenze mit Kastellen befestigt.

SIEGREICHER TRAJAN

Das Imperium erreichte seine größte Ausdehnung unter Kaiser Trajan, der im Jahr 98 an die Macht kam. Er war einer der talentiertesten Feldherren der römischen Geschichte, unternahm mit seinen Legionen gewagte Feldzüge und gewann riesige Gebiete hinzu. Zunächst eroberte er das gebirgige Dakien (im heutigen Rumänien). Dann führte er eine gefährliche Mission in den Osten an, wo er in nur vier Jahren drei neue römische Provinzen gründete: Armenia, Assyria und Mesopotamia. Unter seiner Regierung wurden zur Sicherung der römischen Reichsgrenze in Süddeutschland ein befestigter *Limes* im Odenwald und Kastelle am Neckar errichtet.

Im Jahr 117 befand sich das Römische Reich auf seinem Höhepunkt. Das Imperium, in dem nun über 50 Millionen Menschen lebten, erstreckte sich von Westen nach Osten über eine Länge von 4000 km!

Statue Kaiser Trajans

Das Römische Imperium mit seinen Provinzen im Jahr 117

Größte Ausdehnung des Römischen Reichs

REBELLISCHE REGIONEN

Die Grenzen des Imperiums wurden zwar von der mächtigen römischen Armee gesichert, aber je größer das Römische Reich wurde, desto schwieriger wurde die Herrschaft über dieses riesige Imperium. Im Jahr neun erlitten die Römer eine schreckliche Niederlage. In der Varusschlacht in den Wäldern Germaniens vernichteten germanische Stämme drei ganze Legionen. In der Provinz Britannia führte Boudicca, die Königin des Stammes der Icener, im Jahr 60 eine gewaltsame Rebellion gegen die Römer an, die erst nach einem Jahr niedergeschlagen werden konnte. Im Jahr 66 kam es zu einem Aufstand in der vorderasiatischen Provinz Judäa. Tausende von Juden lehnten sich gegen die Herrschaft der Römer auf, woraufhin die Römer Jerusalem, die Hauptstadt der Juden, zerstörten. Im Jahr 73 belagerten die Legionen die Bergfestung Masada, die letzte Hochburg des jüdischen Widerstandes. Nachdem die Römer die Festung ein ganzes Jahr lang belagert hatten, stürmten sie diese. Die meisten Rebellen hatten aber den Selbstmord der Unterwerfung unter die Römer vorgezogen.

HADRIANSWALL UND LIMES

Als Hadrian im Jahr 117 Kaiser wurde, erkannte er bald, dass die riesigen Gebiete des römischen Imperiums nur sehr schwer kontrolliert werden konnten. Deshalb gab er einige Gebiete, die Trajan erobert hatte, wieder auf und ließ an den neuen Reichsgrenzen ausgedehnte und dauerhafte Befestigungsanlagen errichten. Zum Schutz des römischen Britanniens vor Stämmen aus dem Norden ließ er entlang der Nordgrenze der Provinz den Hadrianswall errichten, einen mächtigen, 130 km langen Grenzwall. Die Grenze zu Germanien sollte der *Limes* sichern, eine gewaltige Grenzanlage, bestehend aus Palisaden, Mauern, Kastellen und Wachtürmen. Der eigentliche obergermanisch-rätische *Limes* wurde erst ca. 158 unter Antoninus Pius errichtet.

Teil des Hadrianswalls in Nordengland

DIE VERWALTUNG DES IMPERIUMS

Das Römische Reich war so riesig, dass es enorm schwierig war, dieses Imperium zusammenzuhalten. Um die Verwaltung zu vereinfachen, teilten die Römer ihr Herrschaftsgebiet in unzählige Provinzen auf. Sie errichteten ein gut ausgebautes Straßennetz und stationierten große Truppenverbände an den Reichsgrenzen, damit diese das Römische Reich vor feindlichen Übergriffen schützten.

PAX ROMANA

Mit der Herrschaft des Kaisers Augustus begann eine 200-jährige Zeitspanne, in der es innerhalb des Imperiums keine größeren Kriege gab. Diesen Frieden, der auch als Pax Romana bekannt ist, sicherten die Römer mit Hilfe ihrer ausgezeichneten Armee, die Aufstände gnadenlos niederschlug. Die Legionen gingen zum Angriff über, wenn feindliche Stämme ihre Armeen vor den Reichsgrenzen zusammenzogen. Sie versuchten die Stammeseinheit zu zerschlagen und zu verhindern, dass sie sich gegen die Römer verbündeten.

EINE FRAGE DES RESPEKTS

Allein durch brutale Gewalt konnte ein solch riesiges Gebiet nicht zusammengehalten werden. Die Römer versuchten die Menschen dadurch zu gewinnen, dass sie sie respektvoll behandelten. Die Völker der unterschiedlichen Regionen

Dieses Steinrelief aus einem Tempel in England stellt einen Sonnengott dar. Hier wurden Elemente britannischer und römischer Götter miteinander verbunden.

des Römischen Reiches konnten oft ihre Sitten und Bräuche beibehalten und ihre eigenen Götter weiterverehren.

DIE VERWALTUNG DER PROVINZEN

Jede Provinz wurde von einem Statthalter regiert, der für gewöhnlich aus Rom kam. Einige Statthalter waren wichtiger als andere. Manche besonders wichtige Provinzen wurden von Legaten regiert, die vom Kaiser selbst erwählt wurden, während die Statthalter anderer bedeutender Provinzen vom Senat ernannt wurden.

Weniger wichtige Provinzen wurden von Prokuratoren verwaltet, die meist wohlhabende Bankiers oder Händler waren. Außerdem gab es viele Beamte, die von Rom entsandt wurden und den Statthaltern bei der Verwaltung der Provinzen halfen.

Die frühesten römischen Statthalter erhielten kein Gehalt. Einige von ihnen versuchten sich zu bereichern, indem sie kostbare Kunstwerke stahlen und Bestechungsgelder annahmen. Um derartige Vorfälle zu vermeiden, führte Kaiser Augustus ein neues System ein – die Statthalter erhielten jetzt ein festes Gehalt und wurden von Beamten kontrolliert, die von Rom entsandt wurden.

NACHRICHTEN

Die Römerstraßen wurden nicht
nur von der Armee und von
Händlern benutzt, sondern auch
von den berittenen Kurieren des
Kaisers, die Informationen
innerhalb des Römischen Reiches
übermittelten. An allen wichtigen
Römerstraßen gab es Straßen-
stationen, wo die Kuriere Rast
machen und die Pferde wech-
seln konnten. Falls er-
forderlich, konnten die
berittenen Kuriere an
einem Tag 240 km
zurücklegen.

*Die berittenen Kuriere des
Kaisers wurden manchmal
von rebellischen Stämmen
angegriffen. Hier wird
ein Kurier von Kriegern
aus dem Hinterhalt
überfallen.*

*Dieses Steinrelief zeigt einen römischen
Steuereintreiber bei der Arbeit.*

STEUERN

Die Römer zogen von allen Ein-
wohnern des Römischen Reiches
Steuern ein. Die Bewohner der
Provinzen mussten aber wesentlich mehr bezahlen als diejenigen,
die auf der italischen Halbinsel
wohnten. Anfangs wurde das Geld
von Steuereintreibern eingezogen,
von denen aber viele korrupt
waren und große Geldsummen
für sich behielten. Deshalb betraute Kaiser Augustus die Statthalter der jeweiligen Provinzen
mit der Steuererhebung.

Mit diesen Steuergeldern wurde
die Armee bezahlt und öffentliche
Gebäude wie z. B. Bäder und
Aquädukte errichtet. All
diese Dinge verschlangen
aber Unsummen von
Geld, sodass der Staat
trotz der Steuerein-
nahmen manchmal
knapp bei Kasse war.
Kaiser Mark Aurel musste
zur Geldbeschaffung sogar
einmal einige seiner eigenen
Möbel verkaufen.

RÖMISCHES
BÜRGERRECHT

Im Jahr 89 v. Chr. erhielten alle
Einwohner Italiens das römische
Bürgerrecht. Die meisten Men-
schen in den Provinzen hatten
aber noch immer den Status eines
Nichtbürgers.

*Kaiser
Caracalla*

Im Jahr 212 gewährte Kaiser
Caracalla jedem freien Bewohner
des Römischen Reiches das
römische Bürgerrecht. Das be-
wirkte, dass die Menschen ein
Zugehörigkeitsgefühl zum
Römischen Reich entwickelten.

HANDEL UND VERKEHR

Für das Leben im Römischen Reich waren Handel und Verkehr von großer Bedeutung. Jeder auch noch so abgelegene Teil des Imperiums war entweder durch eine Straße, einen Fluss oder einen Seeweg mit der Stadt Rom verbunden. Beamte brachten Berichte aus weit entfernten Provinzen und große Ladungen aller nur erdenklichen Handelswaren strömten aus dem ganzen Römischen Reich nach Rom.

AUF DER STRASSE

Die Römerstraßen dienten in erster Linie militärischen Zwecken. Auf ihnen marschierten die Truppen, Nachschub wurde transportiert und Nachrichten befördert. Aber auch gewöhnliche Bürger benutzten diese Straßen. Händler reisten mit ihren Waren von Ort zu Ort und wohlhabende Römer fuhren häufig aufs Land oder an die See.

Die Wagentypen reichten von leichten, zweirädrigen Wagen bis zu schweren, vierrädrigen Reisekutschen, in denen eine ganze Familie Platz hatte. Wenn der nächste Ort weiter als eine Tagesreise entfernt war, konnten die Reisenden die Nacht in staatlichen Gasthöfen verbringen. Reiche zogen es häufig vor, bei Freunden zu übernachten, während einige Römer auch in mitgebrachten Zelten oder einfach in ihrer Kutsche schliefen.

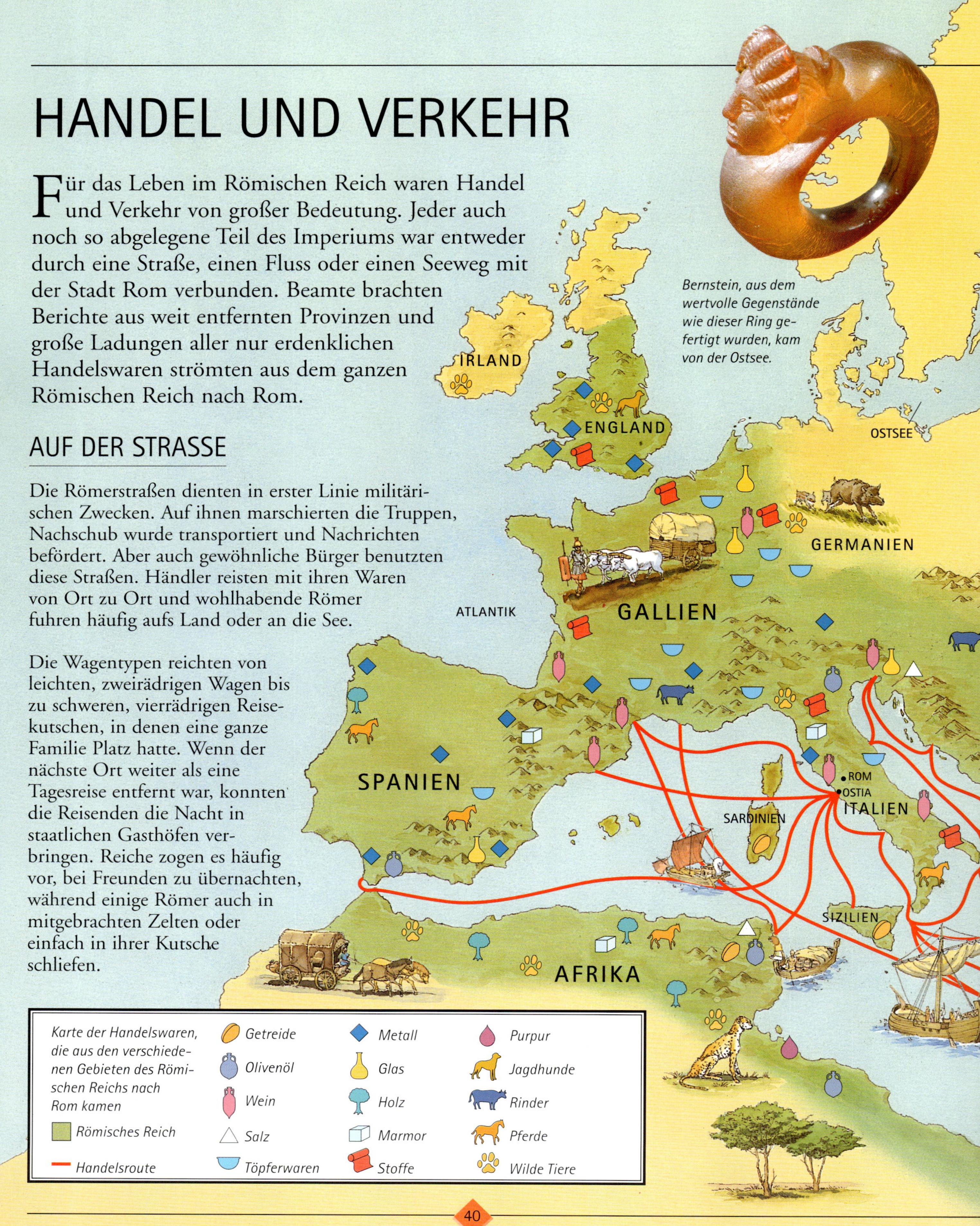

Bernstein, aus dem wertvolle Gegenstände wie dieser Ring gefertigt wurden, kam von der Ostsee.

Karte der Handelswaren, die aus den verschiedenen Gebieten des Römischen Reichs nach Rom kamen

Römisches Reich

Handelsroute

Getreide
Olivenöl
Wein
Salz
Töpferwaren

Metall
Glas
Holz
Marmor
Stoffe

Purpur
Jagdhunde
Rinder
Pferde
Wilde Tiere

AUF HOHER SEE

Trotz der hervorragenden Straßen war es oft
einfacher und billiger, Waren mit dem Schiff zu
befördern. Die Römer befuhren nicht nur
schiffbare Flüsse, sondern sie hatten auch eine
riesige, seetüchtige Handelsflotte, die Waren
im ganzen Mittelmeerraum und sogar
bis ins weit entfernte Indien
transportierte.

Das Überqueren des Mittelmeeres konnte sehr gefährlich
sein, vor allem im Winter.
Schiffe gerieten häufig in heftige
Stürme und erlitten nicht selten
Schiffbruch. Römische Schiffe waren
zwar sehr stabil gebaut, aber sie waren
auch schwerfällig und kamen eher langsam
voran. Mit einer Höchstgeschwindigkeit von
nur 7 km/h konnte ein Schiff von Ägypten
nach Italien drei Wochen lang unterwegs sein.

Amphoren – Tongefäße, die mit
Wein oder Olivenöl gefüllt waren

Die Schiffe wurden mit zwei am
Heck befestigten Rudern gesteuert.

OSTIA – DER HAFEN ROMS

Die meisten Handelsschiffe waren so groß, dass
sie den Tiber nicht bis nach Rom hinauffahren
konnten. Stattdessen legten sie an der Mündung
des Tibers, im Hafen von Ostia, an. Dort wurde
die Fracht auf Lastkähne verladen, die dann die
letzten 25 km flussaufwärts nach Rom zurück-
legten. Als wichtigster Seehafen Roms war Ostia
für die Wirtschaft der Stadt von großer Bedeutung.

DAS WARENHAUS DER WELT

Zur Kaiserzeit war Rom das Zentrum eines
riesigen Handelsnetzes. In der Stadt trafen solch
gewaltige Mengen an Gütern ein, dass ein Autor
Rom einmal als das Warenhaus der Welt bezeichnete. Während Getreide, Olivenöl und Wein
die wichtigsten Handelswaren bildeten,
leisteten sich wohlhabende
Römer auch gerne
Luxusgüter wie
z. B. Elfenbein aus
Ostafrika, Gewürze
und Edelsteine aus
Indien und Seide
aus China.

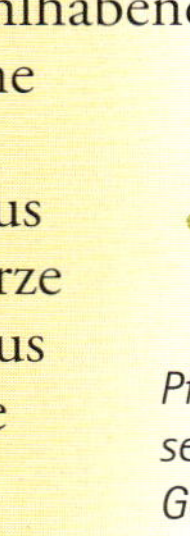

Pfeffer war ein
sehr beliebtes
Gewürz.

RECHTSPRECHUNG

Alle Bewohner des Römischen Reiches mussten sich an die meist sehr strengen römischen Gesetze halten. Verbrecher bestrafte man zur Abschreckung sehr hart. Ärmere Menschen wurden oft in aller Öffentlichkeit brutal gezüchtigt, während die Urteile für reiche Bürger normalerweise milder ausfielen.

Die Elfenbeinschnitzerei zeigt die Kreuzigung Jesu Christi. Die Römer ließen viele Menschen diesen qualvollen Tod sterben.

VOR GERICHT

Jeder, der eines Deliktes beschuldigt wurde, musste sich in der *Basilika* der Stadt vor einem Gericht verantworten. Den Verhandlungen saß ein Richter vor und eine Gruppe von Bürgern – die Geschworenen – entschied darüber, ob der Angeklagte schuldig oder unschuldig war. Bei wichtigen Verhandlungen konnten bis zu 75 Bürger als Geschworene berufen werden.

Wer es sich leisten konnte, ließ sich vor Gericht von einem Anwalt vertreten. Anwälte hielten im Auftrag ihrer Klienten oft dramatische und emotionsgeladene Plädoyers. Manchmal kam es auch vor, dass Angeklagte ihr Haar mit Asche einrieben und Lumpen trugen, damit die Geschworenen Mitleid mit ihnen hatten.

Diese Skulptur zeigt Cicero, den berühmtesten römischen Anwalt. Der Stil seiner Reden und Schriften wurde nach seinem Tod noch jahrhundertelang nachgeahmt.

SCHMERZHAFTE STRAFEN

Wenn jemand eines Vergehens oder Verbrechens für schuldig befunden wurde, dann entschied der Richter über das Strafmaß. Wohlhabende Römer, die ihre Schulden oder Steuern nicht bezahlt hatten, wurden oft mit hohen Geldbußen belegt. Wenn sie nicht zahlen konnten, verloren sie ihren Besitz und ihr Bürgerrecht. Andere wohlhabende Straftäter mussten in entlegene Gebiete des Imperiums ins Exil gehen.

Viele Arme wurden als Sklaven verkauft, mussten tief unter Tage in den Minen arbeiten oder wurden als Gladiatoren in die Arenen geschickt. Aber es gab auch noch härtere Strafen. Viele Verbrecher wurden enthauptet, wilden Tieren vorgeworfen oder gekreuzigt. (Mehr über das Rechtssystem auf Seite 109.)

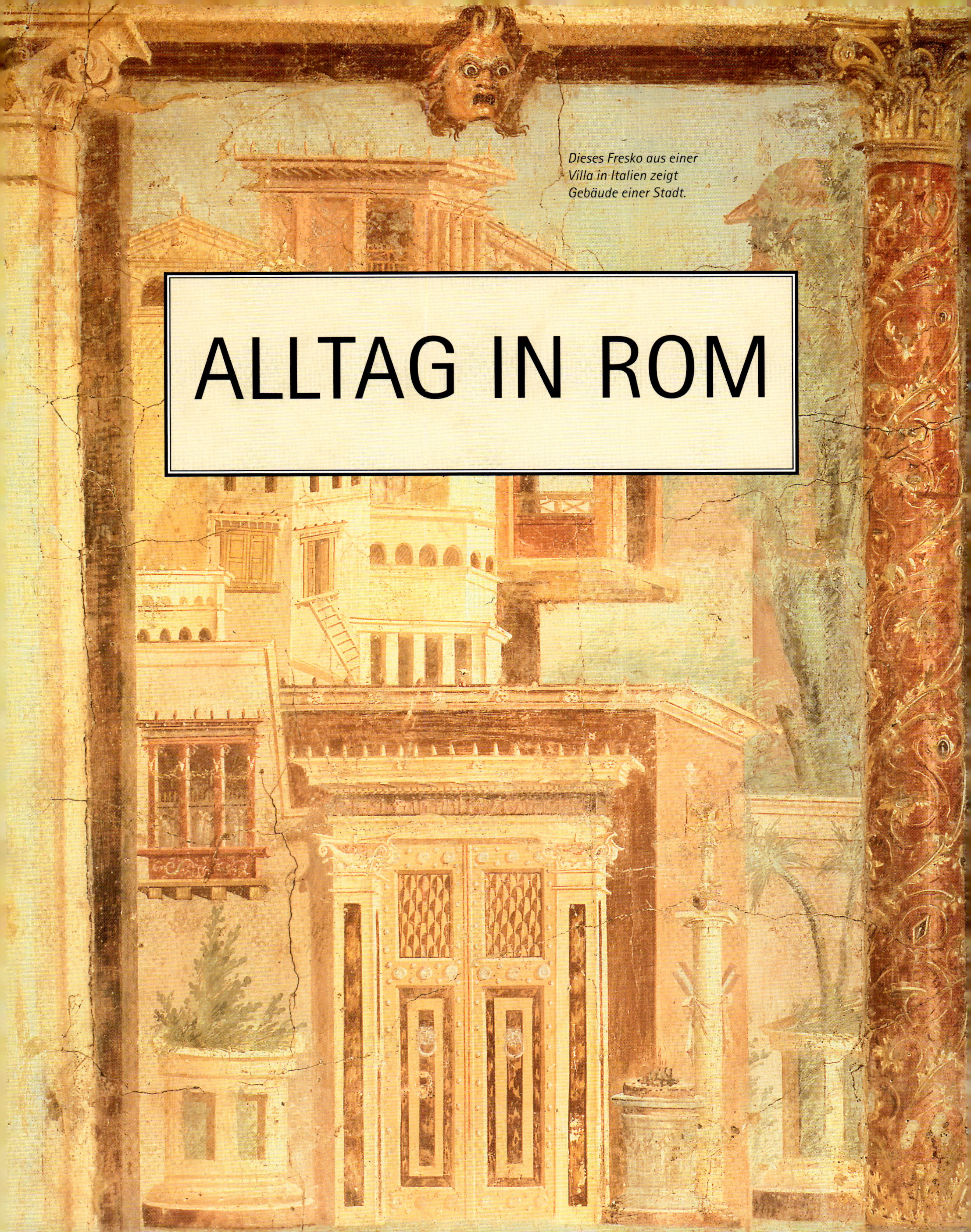

ALLTAG IN ROM

FAMILIENLEBEN

Die Familie war ein wichtiger Teil des römischen Lebens und die meisten Römer nahmen die Verpflichtungen ihren Familien gegenüber sehr ernst. Die Familien waren damals größer als heute. Normalerweise bestand sie aus dem Oberhaupt der Familie – dem *Pater familias* –, seiner Frau, seinen Kindern, den Frauen und Kindern seiner Söhne und ihren Sklaven.

MÄCHTIGE VÄTER

Ein Vater musste sich um seine Familie kümmern und sorgte für die Verehrung der Hausgötter (siehe Seite 73). Zur Zeit der Republik verfügte der *Pater familias* über große Macht. Er hatte das Recht, seine Kinder auszupeitschen oder einzusperren, und er konnte sie sogar töten oder als Sklaven verkaufen. Die meisten Väter waren aber liebevolle Familienväter und zur Kaiserzeit galt es als Verbrechen, wenn ein Vater seine Kinder verkaufte oder tötete.

PATRONE UND KLIENTEN

Neben seiner Familie hatte ein wohlhabender Römer noch viele Günstlinge – oder Klienten –, die auf seine Hilfe angewiesen waren. Er selbst wurde als ihr Patron bezeichnet. Von Klienten wurde erwartet, dass sie ihrem Patron jeden Morgen ihre Aufwartung machten, ihn begleiteten, wenn er das Haus verließ, und für ihn stimmten, wenn er sich um ein politisches Amt bewarb. Als Gegenleistung unterstützte er seine Klienten beruflich und lud sie gelegentlich zum Essen ein.

Dieser Verlobungsring zeigt einander haltende Hände.

HOCHZEITEN …

Junge Römer und Römerinnen hatten bei der Wahl ihres Ehepartners kein großes Mitspracherecht. Für gewöhnlich wählten ihre Eltern den Ehemann oder die Ehefrau für sie aus – und oft wurden diese Ehen aus finanziellen oder machtpolitischen Gründen geschlossen. Mädchen konnten im Alter von zwölf Jahren heiraten, aber ihre Ehemänner waren oft viel älter als sie. Bei der Verlobung eines Paares wurde eine Familienfeier abgehalten und das Mädchen erhielt einen Ring, den es am Ringfinger seiner linken Hand trug.

Ein Paar bringt an seinem Hochzeitstag Opfer dar. Darstellung aus dem 19. Jahrhundert.

Myrtenkränze und -girlanden gehörten zu einer traditionellen römischen Hochzeit.

Am Vorabend der Hochzeit opferte die Braut ihre Kinderspielsachen am Altar der Hausgötter. Am nächsten Morgen trug sie eine weiße Tunika, einen safrangelben Umhang, safrangelbe Schuhe und einen orangefarbenen Brautschleier. Auf dem Kopf hatte sie einen Brautkranz aus Blumen. Wenn der Bräutigam und die Gäste eintrafen, wurde ein Tier geopfert und ein Priester besah sich die Eingeweide, um herauszufinden, ob die Götter mit der Hochzeit einverstanden waren.

Daraufhin wurde der Ehevertrag vorgelesen und unterzeichnet. Darin waren die Einzelheiten der Mitgift geregelt, die der Brautvater an den Bräutigam entrichten musste. Dann reichten sich Braut und Bräutigam die Hände und legten ihr Eheversprechen ab. Nach einem Festmahl im Haus der Brauteltern zog das Brautpaar mit der gesamten Festgesellschaft, Flötenspielern und Fackelträgern zum Haus des Bräutigams. Die Braut wurde über die Schwelle getragen und damit begann das gemeinsame Eheleben.

… UND TODESFÄLLE

Der Tod gehörte zum Alltag in Rom. Viele Frauen starben bei der Geburt ihrer Kinder und viele Krankheiten, die heute heilbar sind, waren damals tödlich. Wenn ein prominenter Römer starb, wurde sein Körper gewaschen und mit Öl gesalbt. Danach wurde er in sein bestes Gewand gekleidet. Senatoren bekamen ihre Amtsrobe angelegt. Den Leichnam bahrte man einige Tage lang auf, damit ihm Besucher die letzte Ehre erweisen konnten.

Am Tag der Bestattung zog ein Trauerzug mit dem Toten zum Forum, wo eine Gedenkrede gehalten wurde. Der Leichnam wurde dann entweder begraben oder verbrannt. Nach dem Gesetz durften die Toten und auch deren Asche nicht innerhalb der Stadt bestattet werden. Römische Gräber und Grabmäler wurden deshalb immer an den Ausfallstraßen außerhalb der Stadtmauern errichtet.

Nach der Verbrennung des Leichnams kam die Asche in eine solche Urne, die in das Familiengrab gebracht wurde.

KINDHEIT UND JUGEND

Alle römischen Kinder, abgesehen von jenen der ärmsten Familien, sollten später einmal dem Staat dienen und die Stellung ihrer Familie in der Gesellschaft verbessern. Jungen wurden für den Dienst in der Armee oder in der Regierung vorbereitet, während Mädchen in eine gute Familie einheiraten und Kinder zur Welt bringen sollten, die zu treuen römischen Bürgern zu erziehen waren.

Murmeln wurden aus Glas oder Ton gefertigt.

GEBURT

Nach der Geburt hob der Vater das Kind auf den Arm und bezeugte damit, dass er es als sein rechtmäßiges Kind anerkannte und in seine Familie aufnahm. Alle römischen Eltern wünschten sich einen gesunden Jungen – Mädchen und kränkliche Jungen wurden manchmal zum Sterben ausgesetzt. Kurz nach der Geburt bekamen die Säuglinge einen Glücksbringer – *Bulla* genannt –, der böse Geister vertreiben sollte, und acht oder neun Tage nach der Geburt erhielten die Babys ihren Namen.

Viele Kinder starben aber schon wenige Jahre später. Manchmal brachten Frauen sechs oder sieben Kinder zur Welt und waren am Ende doch kinderlos.

Eine solche goldene Bulla bekam nur ein Kind aus einer sehr wohlhabenden Familie.

KINDERSPIELE

Römische Kinder spielten viele verschiedene Spiele wie z. B. Verstecken, Bockspringen und Himmel und Hölle. Das erste Spielzeug eines Säuglings war für gewöhnlich eine Ton-rassel, die oft die Form eines Vogels hatte und mit Kieselsteinen gefüllt war. Ältere Kinder hatten Spielzeugtiere, Wippen, Schaukeln, Stecken-pferde, Murmeln und Reifen. Mädchen spielten mit Puppen aus Holz, Ton oder Stoff und Jungen mit Holzschwertern. Einige Kinder konnten sich besonders glücklich schätzen, denn sie besaßen kleine Wagen, die von Ziegen oder Gänsen gezogen wurden.

Eine Stoffpuppe aus Leinen, gefüllt mit Lumpen und Stückchen von Papyrus (einer Schilfpflanze)

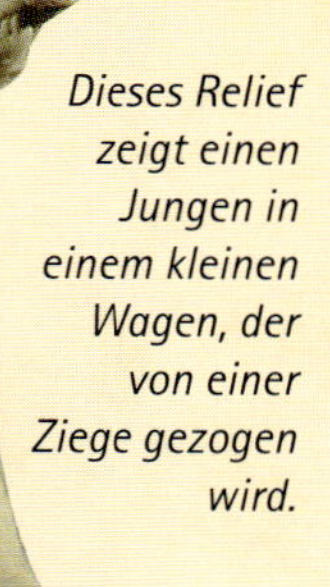

Dieses Relief zeigt einen Jungen in einem kleinen Wagen, der von einer Ziege gezogen wird.

IN DER SCHULE

Kinder aus armen Familien mussten schon im Kindesalter arbeiten gehen, während wohlhabendere Familien ihre Kinder im Alter von sieben Jahren zur Schule schickten. Mädchen und Jungen besuchten gemeinsam eine Art Grundschule – *Ludus* genannt –, wo sie lesen und schreiben lernten. Jüngere Kinder mussten das Alphabet auswendig lernen und Sprichwörter abschreiben, während ältere Schüler die Werke griechischer und römischer Autoren lasen. Rechnen lernte man bei einem Rechenlehrer.

Viele Lehrer und Hauslehrer waren Griechen.

Ein Abakus *– ein hölzernes Rechengerät*

Schriftrolle aus Papyrus

Kleine Kinder ritzten Buchstaben auf Tonscherben.

Szene aus einem römischen Ludus

Die meisten Schüler schrieben mit einem Stilus *– einem Metallgriffel – auf einer Wachstafel.*

Ein Sklave – der *Paedagogus* – brachte die Kinder zur Schule und achtete während des Unterrichts auf sie. In den meisten Schulen gab es nur zwölf Schüler. Der Schultag dauerte vom Morgengrauen bis zum Mittag. Es herrschte strenge Disziplin und nicht selten gab es Schläge.

Die Schüler verließen die Grundschule im Alter von elf Jahren. Danach konnten die Jungen auf eine höhere Schule, zu dem so genannten *Grammaticus,* gehen. Hier wurden sie in griechischer und römischer Literatur, Geschichte, Geografie, Astronomie, Musik, Mathematik und Sport unterrichtet. Mädchen blieben zu Hause und bereiteten sich auf ihre Hochzeit vor. Die meisten Römer wollten nicht, dass ihre Frauen zu gebildet waren. Der Dichter Juvenal erklärte einmal, er hasse lesende Frauen.

Porträt eines Mädchens mit Wachstafel und Stilus

ERWACHSEN WERDEN

Römische Jungen wurden im Alter von 15 bis 18 Jahren volljährig. Sie legten die Kleider und die *Bulla* ihrer Kindheit ab und wurden in eine weiße Männertoga, die *Toga virilis,* gekleidet. Auf dem Forum wurde das Fest ihrer Volljährigkeit feierlich begangen und sie wurden in die Bürgerliste eingetragen.

Die meisten jungen Männer bereiteten sich dann auf den Dienst in der Armee vor. Diejenigen, die eine Laufbahn in der Politik einschlagen wollten, mussten auch die Kunst der öffentlichen Rede erlernen und gingen zu einem Rhetorik-Lehrer. Die reichsten Familien schickten ihre Söhne zu den besten griechischen Lehrern nach Athen oder Rhodos. Die Ausbildung in der Redekunst konnte ein ganzes Leben lang andauern – selbst erfahrene Politiker strömten herbei, wenn ein guter Lehrer in ihre Stadt kam.

RÖMISCHE FRAUEN

D ie ideale Römerin stand einem tadellosen Haushalt vor, war eine liebevolle Mutter und eine gehorsame Ehefrau. Sie hatte die Verantwortung für den Haushalt, kümmerte sich in den ersten Lebensjahren ihrer Kinder um deren Erziehung und unterstützte ihren Ehemann bei seiner Karriere. Römische Frauen hatten nur wenig Rechte, waren jedoch meist sehr einflussreich.

Dieses Mosaik zeigt zwei römische Frauen beim Sport.

FRAUENRECHTE

Ein römischer Mann hatte das Recht, sich von seiner Frau scheiden zu lassen, wenn sie ihm keine Kinder gebar, wenn sie zu hässlich wurde oder wenn sie sich ihm zu oft widersetzte. Wenn sie ihn betrog, konnte er sie sogar zum Tode verurteilen lassen. Eine Frau konnte sich von ihrem Mann nur scheiden lassen, wenn er sie verließ, zur Armee ging oder Kriegsgefangener wurde. Obwohl hier das römische Recht sehr ungerecht war, gab es viele Ehemänner, die ihre Frauen liebevoll und mit Respekt behandelten.

FRAUENBERUFE

Nicht alle Römerinnen konnten es sich leisten, zu Hause zu bleiben. Einige arbeiteten als Hebammen oder Friseusen und viele halfen in den Geschäften oder auf den Landgütern ihrer Eltern. Manchmal verdienten Frauen ihren Lebensunterhalt auch als Akrobatinnen oder Tänzerinnen. Diese Berufe waren aber nicht angesehen.

ROLLENWECHSEL

Zur Zeit der Republik hatten die meisten Frauen große Familien. Sie blieben zu Hause und spannen Wolle und webten Stoffe. Zur Kaiserzeit sahen einige wohlhabende Frauen ihre Rolle als Frau aber etwas anders. Einige römische Schriftsteller beklagten sich über den Müßiggang mancher Frauen, die lieber im Luxus schwelgten und häufig an Gastmählern teilnahmen, anstatt ihrer Pflicht nachzukommen und Kinder zu gebären.

MÄCHTIGE FRAUEN

Reiche Frauen standen einem großen Haushalt mit vielen Sklaven vor. Oft kümmerten sie sich während der Abwesenheit ihrer Männer um deren berufliche Angelegenheiten. Die Frauen vieler Politiker setzten sich aktiv für die Karriere ihrer Männer ein. Durch geschickt eingefädelte Komplotte und Intrigen sorgten sie dafür, dass ihre Männer beruflich weiterkamen und deren Gegner das Nachsehen hatten.

Statue der Livia, der Frau des Augustus. Sie war für ihre skrupellosen Intrigen bekannt und wurde schließlich zur Göttin erklärt.

SKLAVEN UND FREIGELASSENE

In Rom verrichteten Sklaven einen Großteil aller Arbeiten. Sie halfen im Haushalt, bei Tätigkeiten in Geschäften und bestellten das Land. Sklaven wurden entweder von Sklavenhändlern gekauft oder sie waren die Kinder von Sklaven. Sie hatten keine Rechte und waren Eigentum ihres Herrn.

HAUSSKLAVEN

Viele Sklaven arbeiteten in privaten Haushalten, erledigten die Einkäufe, kochten und putzten. Sie trugen auch das Essen auf und halfen ihrer Herrin beim Anziehen und frisierten und schminkten sie.

Ein Mädchen wird von einer Sklavin frisiert.

In vielen römischen Familien wurden Sklaven gut behandelt und manchmal wuchsen die Kinder getreuer Sklaven als Spielgefährten der Kinder ihrer Herren auf. Auf dem Land arbeiteten Sklaven auf Landgütern und in der Stadt halfen sie in Geschäften oder Werkstätten.

Sklaven trugen eine Sklavenmarke, auf der Name und Anschrift ihres Herrn stand.

GEBILDETE SKLAVEN

Viele griechische Sklaven waren sehr gebildet und Käufer mussten einen hohen Preis für sie bezahlen. Sie arbeiteten in wohlhabenden römischen Familien als private Hauslehrer, Ärzte und Bibliothekare oder standen im Dienst der Regierung. In der Verwaltung des Imperiums gabe es viele sehr gebildete Sklaven, die oft wichtige Ämter innehatten.

EIN HARTES LOS

Das Leben der meisten Sklaven war sehr hart. Einige mussten unter entsetzlichen Bedingungen in den Bergwerken arbeiten, während andere in brütender Hitze die Öfen der Thermen – der öffentlichen Bäder – befeuerten. Viele arbeiteten auf Baustellen, wo sie die gefährlichsten Tätigkeiten zu verrichten hatten. Einige wurden auch zu Gladiatoren ausgebildet und mussten im Amphitheater kämpfen.

Schuhe wurden von Sklaven geputzt.

FREILASSUNG

Sklaven mussten nicht immer Sklaven bleiben. Einigen wurde als Belohnung für ihre treuen Dienste die Freiheit geschenkt. Andere Sklaven hatten sich eine kleine Geldsumme gespart und konnten sich damit ihre Freiheit erkaufen. Manchmal erhielt auch ein Gladiator die Freiheit zurück, weil er sehr tapfer gekämpft hatte.

Freigelassene Sklaven erhielten den Status eines Freigelassenen – eines *Libertinus* oder *Libertus* – und konnten Grundbesitz erwerben und selbst Sklaven halten. Unter einigen Kaisern konnten Freigelassene auch römische Bürger werden. Einige Freigelassene waren sogar Privatsekretäre der Kaiser, die ihnen die Freiheit geschenkt hatten.

STADTLEBEN

Die Römer verbreiteten ihre Kultur in den eroberten Gebieten und errichteten im gesamten Imperium neue Städte. In diesen Städten gab es herrliche Tempel, öffentliche Bäder und Arenen sowie viele Geschäfte und Gaststätten. Die wohlhabendsten römischen Familien besaßen elegante Stadthäuser, aber die meisten Menschen lebten in den mehrstöckigen Mietshäusern, den *Insulae*.

MIETSHÄUSER

Die *Insulae* konnten bis zu sieben Stockwerke hoch sein und in den ärmeren Stadtgebieten waren diese Mietshäuser oft überfüllt und schmutzig. Einige *Insulae* waren so schlecht gebaut, dass sie einstürzten. Da es in den meisten Wohnungen weder fließendes Wasser noch Toiletten gab, benutzten viele Menschen die öffentlichen Toiletten. Diese Toilettenanlagen waren soziale Treffpunkte, wo die Menschen nebeneinander saßen und sich unterhielten. Die Benutzung dieser Toiletten war aber gebührenpflichtig, sodass ärmere Menschen einfach einen Eimer oder Nachttopf benutzten.

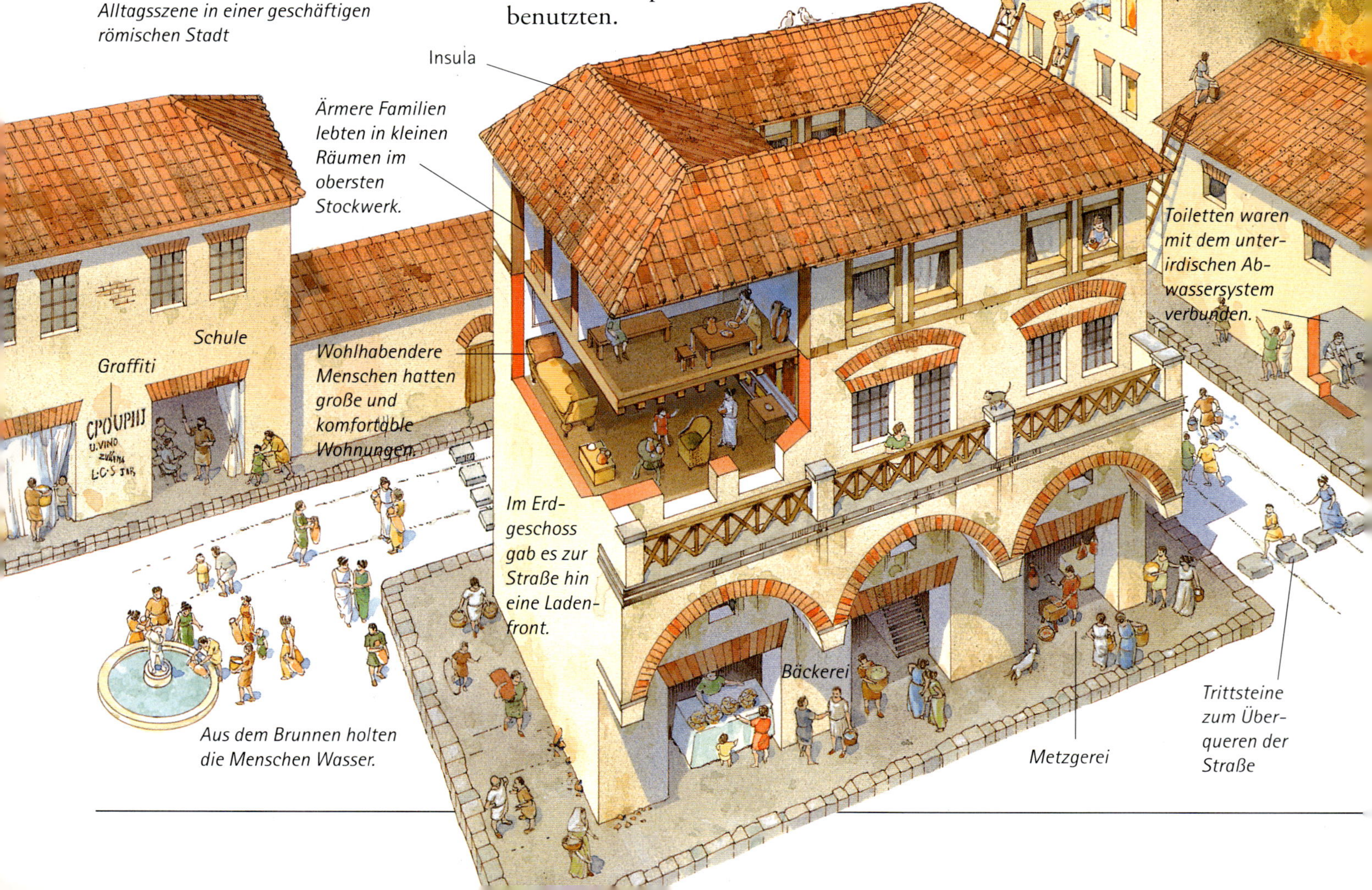

Alltagsszene in einer geschäftigen römischen Stadt

FLIESSENDES WASSER

In jeder Stadt wurde Wasser für
die öffentlichen Bäder, die Toiletten und die Trinkwasserbrunnen
benötigt. Das Wasser leitete man
mit Hilfe von Rohren und ober-
irdischen Wasserleitungen, den
Aquädukten, in die Stadt.

STRASSENLEBEN

In den meisten Städten gab es
gerade, gepflasterte Straßen, die
gitterförmig angelegt waren. Die
Hauptstraßen waren breit, aber es
gab auch viele enge Gassen. Die
Straßen waren oft mit Abfall
übersät, den die Menschen aus
dem Fenster geworfen hatten.
Deshalb lagen auf den Straßen
Trittsteine, damit die Menschen
die Straße überqueren konnten,
ohne schmutzig zu werden.

*In den oberen Stockwerken waren keine
Abflussrohre, deshalb schütteten manche
Menschen ihr Schmutzwasser einfach aus
dem Fenster, was jedoch verboten war.*

Die Straßen einer Stadt waren von
dutzenden unterschiedlicher Geschäfte gesäumt, von Metzgern
und Obstverkäufern bis zu
Schreinern und Sandalenmachern.
Es gab Schänken und Speise-
gaststätten sowie Märkte, auf
denen man vom Gemüse bis zum
Sklaven alles kaufen konnte.

*Dieses Foto zeigt einen Teil der römischen
Ruinenstadt Pompeji.*

ZENTRALER
TREFFPUNKT

Im Zentrum der Stadt lag
das Forum, ein großer Platz,
der als Marktplatz und Versammlungsort diente. Dort
kauften und verkauften Händler
Waren, es wurden Steuern
eingezogen und Spiele ge-
spielt. Außerdem gab es eine
Rednerbühne, auf der von
städtischen Beamten Reden
an das Volk gehalten
wurden.

Das Forum wurde von Statuen,
Denkmälern und Tempeln
gesäumt und an einer Längs-
seite stand eine *Basilika,*
ein lang gestrecktes, hallen-
förmiges Gebäude. Eine
Basilika diente als Gericht,
Rathaus und öffentlicher
Versammlungsort.

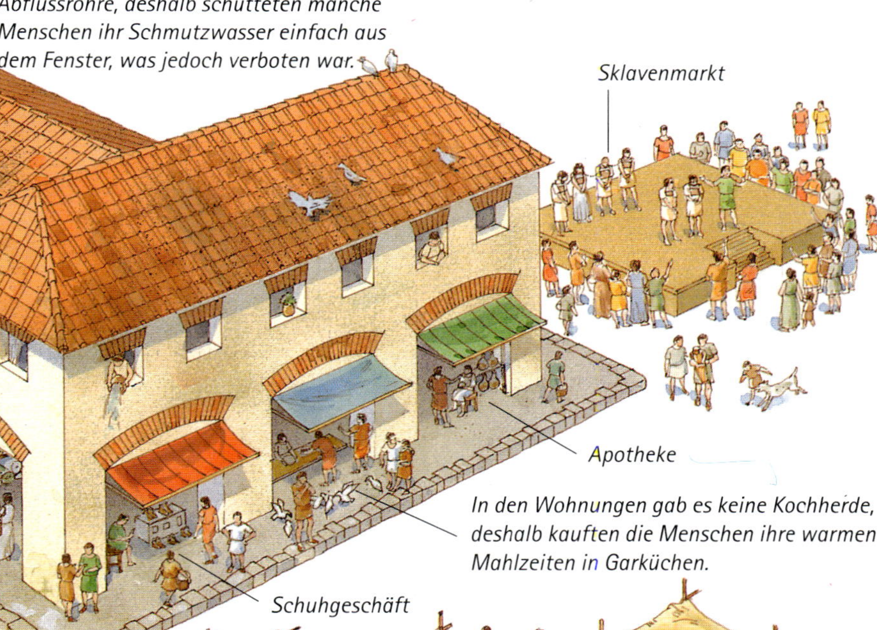

*In den Wohnungen gab es keine Kochherde,
deshalb kauften die Menschen ihre warmen
Mahlzeiten in Garküchen.*

*Reiche wurden
in Sänften
durch die
Stadt getragen.*

*Die meisten Einkäufe wurden
von Sklaven erledigt.*

STADTHÄUSER

Die meisten wohlhabenden römischen Familien besaßen ein komfortables Stadthaus. Diese Häuser – *Domus* genannt – waren zwar unterschiedlich groß, hatten aber alle einen ähnlichen Grundriss. Die Stadthäuser bildeten Orte der Ruhe und der Abgeschiedenheit, in denen aber auch Gäste empfangen wurden. Bedeutende Personen richteten ihre Häuser prachtvoll ein, um die Gäste zu beeindrucken.

INNENEINRICHTUNG

Von außen sahen die Stadthäuser eher schlicht aus, im Inneren konnten sie aber überaus luxuriös eingerichtet sein. Die Wände schmückten oft herrliche Fresken, phantastische Mosaiken bildeten die Fußböden und lebensgroße Statuen aus Marmor oder Bronze ließen die Räume noch eindrucksvoller wirken.

MÖBEL

Elegante Stadthäuser waren mit extravaganten Möbeln eingerichtet. Es gab kunstvoll gearbeitete Marmortische, mit Gold und Elfenbein verzierte Liegen und blank polierte Leuchter aus Bronze. Manchmal lagen auf den Fußböden Leopardenfelle oder feine ägyptische Teppiche. Die meisten römischen Häuser waren allerdings nur mit wenigen einfachen Holzmöbeln ausgestattet.

Eine römische Familie beim Empfang von Gästen im Atrium *(Gemälde aus dem 19. Jh.)*

Dieses Schnittbild eines römischen Stadthauses ermöglicht einen Blick ins Hausinnere.

GRUNDRISS

Ein typisches Stadthaus war um eine Halle herum angelegt, in der Gäste empfangen wurden. In der Mitte dieser Halle, die man *Atrium* nannte, befand sich eine rechteckige Öffnung im Dach und darunter lag ein Zierbecken, *Compluvium* genannt. Im *Atrium* stand normalerweise auch der Schrein der Hausgötter.

Um das *Atrium* herum waren das Speisezimmer, die Küche und das Arbeitszimmer angeordnet. In den Häusern der reichsten Familien gab es auch ein Bad. (Wer kein eigenes Bad hatte, benutzte die öffentlichen Bäder.) Die zur Straße hin gelegenen Räume wurden oft als Läden vermietet.

In den zur Straße hin gelegenen Räumen waren meist Läden untergebracht.

HEIZUNG

In den Häusern wohlhabender Römer gab es nicht
nur Toiletten und fließendes Wasser, sondern auch
ein zentrales Heizungssystem, das so genannte
Hypocaustum. Diese geniale römische Erfindung
wurde durch eine Feuerungskammer *(Praefurnium)*
im Keller beheizt.

GÄRTEN

Hinter dem Haus lag ein beschaulicher Garten.
Er war von einer Mauer und einem umlaufenden
Säulengang umgeben, einem so genannten *Peristyl*.
In diesem Garten gab es häufig gepflegte Hecken,
Lorbeerbäume und Rosensträucher sowie elegante
Statuen, einen Springbrunnen oder einen Fischteich.
An diesem ruhigen und schattigen Ort, abgeschieden
vom Lärm und vom Gedränge der Stadt, entspannten
und unterhielten sich die Römer gerne.

LANDLEBEN

Obwohl es im Römischen Reich viele Städte gab, lebten die meisten Menschen damals auf dem Land. Für viele Stadtbewohner war das Leben auf dem Land eine angenehme Alternative zu dem Gedränge in der Stadt. Für die meisten Landbewohner war der Alltag allerdings alles andere als erholsam und die Sklaven auf den Landgütern mussten harte Feldarbeit verrichten.

FRÜHE BAUERNHÖFE

In der Frühzeit der Republik gab es meist kleine Bauernhöfe, die in Familienbesitz waren. Die Bauern bauten Getreide, Weintrauben und Oliven an und hielten Schafe, Ziegen, Schweine und Rinder. Das reichte meist für den Eigenbedarf der Familie, überschüssige Ernteerträge wurden auf nahe gelegenen Märkten verkauft.

Diese Statue zeigt einen römischen Bauern mit einem Ochsengespann beim Pflügen.

ERSTE GROSSGRUNDBESITZER

Im 3. Jh.v. Chr. mussten viele Bauern Italien verlassen und mit der Armee in überseeischen Gebieten kämpfen. Viele dieser Männer kehrten nie mehr zurück und ihre Bauernhöfe verfielen. Andere Höfe wurden durch Kriege in Italien verwüstet.

Reiche Landbesitzer kauften viele dieser verfallenen Bauernhöfe und legten sie zu großen Ländereien zusammen, die von Sklaven bewirtschaftet wurden. Die Landwirtschaft warf mit der Zeit große Gewinne ab und die Großgrundbesitzer gehörten zu den wohlhabendsten Männern der römischen Welt.

LANDSKLAVEN

Zur Kaiserzeit waren fast alle Arbeiter auf einem Landgut Sklaven. Mit einigen wenigen einfachen Geräten mussten sie pflanzen und ernten, Waldflächen für neues Ackerland roden und Tiere hüten und versorgen.

Das Hüten von Schafen gehörte zu den unangenehmsten Aufgaben. Schafe wurden oft hoch oben in abgelegenen Bergregionen gehalten, wo die Hirten mit Einsamkeit, schlechtem Wetter und Dieben fertig werden mussten, die ihre Tiere stehlen wollten.

Rekonstruktion eines römischen Landgutes

Fischgerichte waren sehr beliebt. Auf vielen Landgütern gab es einen Teich.

Hirten führten oft ein einsames und abgeschiedenes Leben.

Schafe lieferten Wolle und Milch.

LIEFERANTEN FÜR DIE STÄDTE

Die meisten römischen Städte bekamen ihre Lebensmittel, ihr Baumaterial und ihr Brennholz vom Land. Zur Kaiserzeit waren die wichtigsten landwirtschaftlichen Erzeugnisse Weintrauben und Oliven – aus denen Wein und Olivenöl hergestellt wurde – und Getreide wie Weizen, Hafer und Gerste. Die auf den Landgütern gehaltenen Tiere versorgten die Stadtbewohner mit Fleisch, Milch, Käse und Wolle.

Frisches Obst und Gemüse wurden an die nahe gelegenen Städte verkauft, aber Olivenöl, Wein und Getreide transportierte man in riesigen Mengen in Städte des gesamten Imperiums. Als sich Rom immer mehr ausdehnte, reichte der Ertrag der italischen Landgüter nicht mehr aus, um die ganze Bevölkerung Roms mit Getreide zu versorgen. Zur Blütezeit des Reichs wurden zwei Drittel des römischen Getreidebedarfs aus Ägypten eingeführt.

LANDGÜTER

Viele römische Familien besaßen ein großes Landhaus – Villa genannt –, in dem sie sich von der Hektik der Stadt erholen konnten. Zu einer Villa gehörten normalerweise auch die umliegenden Felder, deren Erträge den Gutsbesitzern viel Geld einbrachten.

FRÜHE VILLEN

Die ersten Villen waren einfache Bauernhäuser, die von Obstgärten, Weinbergen und Feldern umgeben waren, auf denen Feldfrüchte angebaut und Tiere gehalten wurden. Die meisten dieser Bauernhöfe führte ein Verwalter, da der Eigentümer meist in der Stadt lebte.

PRACHTVILLEN

Als der Wohlstand im Römischen Reich und dadurch auch der persönliche Reichtum der Menschen zunahm, wurden im gesamten Imperium prächtige Villen erbaut. Herrliche Mosaiken und Wandmalereien (Fresken) zierten die Räume dieser Villen. Zu den dargestellten Motiven gehörten Alltagsszenen oder Ereignisse aus der griechischen oder römischen Mythologie. In den luxuriösesten Villen gab es außerdem eine Fußbodenheizung, einen Backraum, ein Bad und sogar einen Swimmingpool. Besonders eindrucksvolle Villen fand man im Umland Roms.

Dieses Fresko aus der Villa der Kaiserin Livia zeigt eine große römische Villa und einen Teil des dazugehörigen Gartens.

Die Villen der Wohlhabenden wurden mit kunstvoll gearbeiteten Öllampen beleuchtet.

In diese Öffnung kam der Docht.

Die meisten Villen waren Teil eines Landgutes, viele waren aber weit von den Feldern entfernt. Einige der größten Villen gehörten aber nicht zu einem Landgut, sondern waren einfach nur luxuriöse Landsitze. Auf den umliegenden Feldern wurde nur erwirtschaftet, was der Besitzer und dessen Familie zum Leben brauchten.

Die herrlichsten Villen hatten ausgedehnte Gärten mit Statuen und Ziergärten. In einer Atmosphäre unendlicher Stille, die nur vom Gezwitscher eines Vogels oder dem Geplätscher eines Springbrunnens unterbrochen wurde, entspannten sich die Menschen in durchdacht angelegten, parkähnlichen Gärten oder Innenhöfen, die von eleganten Säulenreihen umgeben waren.

Der so genannte Kanopus, ein künstlich angelegtes Wasserbecken, in den Gärten der Hadriansvilla in der Nähe Roms. Das lang gestreckte Wasserbecken war dem Kanopus nachempfunden, einem ägyptischen Kanal.

RUHE UND FRIEDEN

Obwohl die Römer sehr gesellige Menschen waren, schätzten sie auch die Abgeschiedenheit ihrer Landsitze. Der römische Schriftsteller Plinius genoss es zum Beispiel, dass er in seiner Villa keine formelle Toga tragen musste. Außerdem schätzte er es, dass er keine Nachbarn hatte: „Alles ist friedlich und still, was ebenso zur Gesundheit der Gegend beiträgt wie das mildere Klima, wie die reinere Luft."

HADRIANSVILLA

Die größte bekannte Villa wurde von Kaiser Hadrian bei Tivoli, in der Umgebung Roms, errichtet. Hadrian entwarf eine Reihe eindrucksvoller Gebäude einschließlich eines Stadions, einer Bibliothek und zweier Thermen – alle umgeben von prächtigen Gärten. Die architektonischen Vorbilder für einige Elemente der Hadriansvilla hatte der Kaiser in Ägypten, Griechenland und anderen Teilen des Imperiums gesehen.

AM MEER

Einige der schönsten Villen lagen an herrlichen Badestränden. Wer damals etwas auf sich hielt, besuchte einen der luxuriösen Kur- und Badeorte wie zum Beispiel Baiä an der Bucht von Neapel, wo mehrere Kaiser prächtige Villen besaßen. Auf Capri, einer der italischen Küste vorgelagerten Insel, ließ sich Kaiser Tiberius nicht weniger als zwölf Villen errichten.

ESSEN UND TRINKEN

Einige Lebensmittel, die für uns heute selbstverständlich sind, wie z. B. Kartoffeln, Tomaten oder Schokolade, kannten die Römer damals nicht. Und viele Gerichte, die es damals gab, sind uns heute fremd. So waren Saueuter und Lerchenzungen bei einem üppigen Gastmahl nichts Ungewöhnliches. Bei den meisten Römern kamen solche Gerichte allerdings nie auf den Tisch.

In solchen Glasflaschen wurden Öle und Soßen aufbewahrt.

DIE MAHLZEITEN

Ärmere Römer und Sklaven aßen einfache Speisen wie Brot, Getreidebrei und Eintopf, während sich wohlhabendere Menschen abwechslungsreicher ernährten. Zum Frühstück aßen sie Brot oder Weizenbrötchen mit Honig und das Mittagessen bestand aus einer einfachen Mahlzeit aus Eiern, Käse, kaltem Braten und Obst.

Viele Menschen aßen tagsüber kaum etwas, denn die Hauptmahlzeit war das Abendessen, das für viele Römer aus gebratenem Geflügel oder Fisch bestand. In reichen Familien wurden aber häufig üppige Gastmähler abgehalten.

WASSER UND WEIN

Die Römer tranken viel Wein und konnten aus 200 verschiedenen Sorten aus dem gesamten Römischen Reich auswählen. Der Wein war oft gewürzt oder mit Honig gesüßt und wurde normalerweise mit Wasser verdünnt – Wein unverdünnt zu trinken galt als anstößig.

In der Frühzeit der Republik durften Frauen keinen Wein trinken. Während der Kaiserzeit wurde dieses Verbot aber aufgehoben. Andere beliebte Getränke waren Traubensaft, Ziegenmilch und Wasser aus den öffentlichen Brunnen.

KÜCHENUTENSILIEN

In einer römischen Küche gab es viele Utensilien, die wir auch heute noch benutzen – Kochtöpfe, Käsereiben und Siebe zum Abtropfen von Wasser. Manche Küchengeräte waren aus Bronze, meist wurden aber Keramikgefäße verwendet.

Speisen wurden damals gegart, geschmort, gegrillt oder in der Pfanne oder am Spieß gebraten. Und da es weder Gefriertruhen noch Konservendosen gab, wurden Lebensmittel haltbar gemacht, indem man sie räucherte oder in Essig, Honig oder Salz einlegte.

Sklaven bereiten in einer römischen Küche eine Mahlzeit vor.

Wein und Öl wurden in hohen Tongefäßen, den Amphoren, aufbewahrt.

GEWÜRZE UND SOSSEN

Reiche Römer aßen gerne pikante Mahlzeiten. Die meisten Speisen waren stark gewürzt oder es wurde eine kräftige Soße dazu gereicht. Eine der beliebtesten Soßen war das *Garum,* eine dickflüssige, salzige Fischsoße.

GARKÜCHEN

In den Städten bereiteten nur wenige Menschen ihre Mahlzeiten selbst zu. Meist wohnten sie in großen Mietshäusern, den *Insulae,* die in Fachwerktechnik errichtet waren und Holzfußböden hatten und in denen das Kochen aus Brandschutzgründen verboten war. Stattdessen kauften sich die Menschen ihre warmen Mahlzeiten wie Pasteten, Würste und Eintopfgerichte in Garküchen.

BEIM GASTMAHL

Wohlhabende Römer aßen gerne ausgefallene Gerichte und gaben am Abend häufig üppige Gastmähler. Mit diesen Einladungen konnten die Gastgeber ihren Wohlstand und ihre Macht zur Schau stellen. Viele versuchten sich durch immer extravagantere Gastmähler gegenseitig zu übertrumpfen.

IM TRICLINIUM

Das Abendessen begann für gewöhnlich am frühen Nachmittag. Die Gäste zogen ihre Sandalen an der Türe aus und ließen sich ihre Füße von einem Sklaven waschen. Dann wurden sie von einem Diener angekündigt und zu ihrem Platz geführt, wo ihnen die Hände mit parfümiertem Wasser gewaschen wurden. Saubere Hände waren wichtig, weil man mit den Fingern aß.

Reiche Römer lagen beim Essen auf gepolsterten Speiseliegen – nur Sklaven und Kinder saßen beim Essen auf Stühlen. Im *Triclinium*, dem Speisesaal, waren um einen Tisch für gewöhnlich drei Speiseliegen hufeisenförmig gruppiert, auf denen je drei Personen Platz hatten. Männer und Frauen aßen gemeinsam.

UNTERHALTUNG

Zwischen den einzelnen Gängen wurden die Gäste von Dichtern, Musikern, Zauberkünstlern und Komikern unterhalten und nach dem Gastmahl spielte man oft Spiele. Der Gastgeber bestimmte dann zum Beispiel die Anzahl der Becher, die jeder Gast in einem Zug leer trinken musste.

TISCHSITTEN

Lautes Rülpsen nach dem Essen bedeutete, dass es den Gästen geschmeckt hatte. Die Gäste konnten sich auch das restliche Essen in eine Serviette einwickeln lassen und mit nach Hause nehmen. Absolut gefräßige Gäste kitzelten sich mit einer Feder so lange im Rachenraum, bis sie sich übergeben mussten und weiteressen konnten. Der Schriftsteller Seneca empörte sich über dieses Verhalten und schrieb verächtlich: „Sie essen, damit sie sich übergeben können; sie übergeben sich, damit sie essen können."

In vornehmen Häusern tranken die Gäste aus kunstvoll verzierten Bechern.

GEFÄHRLICHE GASTMÄHLER

Gäste mussten aufpassen, was sie bei Gastmählern sagten, da die Spione des Kaisers überall waren. Wer den Kaiser kritisierte, konnte in Ketten gelegt und abgeführt werden. Einige Gastmähler waren sogar noch gefährlicher. Bei einem Gastmahl des verrückten Kaisers Elagabal erstickten dessen Gäste angeblich, weil er tausende von Rosenblättern von der Decke auf sie herabfallen ließ.

Dieses Gemälde aus dem 19. Jh. zeigt das Gastmahl des Elagabal, bei dem die Gäste unter Blütenblättern erstickt sein sollen. Die Blütenblätter fielen aus einem Netz oberhalb des Tisches auf die Gäste herab.

LANGE MAHLZEITEN

Ein komplettes römisches Abendessen bestand aus sieben Gängen und konnte bis zu zehn Stunden dauern. Es begann mit einigen kalten Gängen wie z. B. Eiern, Sardinen und Pilzen, bevor dann Delikatessen wie Haselmäuse in Honig, Flamingozungen oder sogar Elefantenrüssel serviert wurden.

Die Speisen mussten nicht nur gut schmecken, sondern auch appetitlich angerichtet sein. Den Köchen bereitete es besondere Freude, eine bestimmte Speise als eine andere auszugeben. Der Schriftsteller Petronius prahlte damit, sein Koch könne einen Schweinebauch so servieren, dass man ihn für Fisch hielt.

MODE UND SCHÖNHEIT

Gutes Aussehen war in Rom sehr wichtig und wohlhabende Männer und Frauen verwendeten viel Zeit für ihr Äußeres. Häufig wurde die aktuelle Mode davon bestimmt, was der Kaiser und die Kaiserin trugen.

TUNIKA UND TOGA

Das wichtigste Kleidungsstück für die Männer war die Tunika, die aus zwei rechteckig geschnittenen, wollenen Stoffstücken bestand, die zusammengenäht und mit einem Gürtel zusammengehalten wurden. Darunter hatten Männer einen Lendenschurz an.

Männer trugen meist eine kurze weiße Tunika.

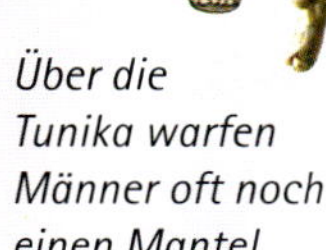

Über die Tunika warfen Männer oft noch einen Mantel.

Männer und Frauen hatten Ledersandalen an.

Über der Tunika trugen römische Bürger manchmal eine Toga – ein langes, wollenes Stoffstück, das kunstvoll um den Körper gelegt wurde. Die Toga war allerdings so unbequem, dass sie meist nur bei wichtigen offiziellen Anlässen getragen wurde.

Statue des Kaisers Augustus, der eine Toga trägt

STOLA UND PALLA

Die Unterwäsche der Frauen bestand aus einem Lendenschurz und manchmal einer Art einfachem Büstenhalter in Form eines Lederbandes. Darüber trugen die Frauen ein langes Gewand, die Stola, und einen rechteckig geschnitten Mantel, die Palla.

Römerin in farbiger Seidenstola

Frauen drapierten ihre Palla oft um ihre Schultern.

Ein Zipfel der Palla konnte wie eine Kapuze um den Kopf gelegt werden.

Zur Kaiserzeit trugen modebewusste, vornehme Damen Stolen und Pallien in kräftigen Farben aus indischer Baumwolle oder chinesischer Seide. Diese Materialien waren unglaublich teuer.

STATUSSYMBOLE

Die Kleidung war ein wichtiges Statussymbol und es gab strenge Vorschriften darüber, welche Personen welche Kleidung tragen durften.

Nur römische Bürger durften eine Toga anlegen – Fremden und Sklaven war das Tragen einer Toga verboten. Purpur war der teuerste Farbstoff, den sich nur die wohlhabendsten Römer leisten konnten. Senatoren trugen eine Toga mit einem breiten Purpurstreifen, aber es war ein Verbrechen, sich ganz in Purpur zu kleiden, denn dieses Vorrecht besaß nur der Kaiser.

HAARPFLEGE

Römische Männer waren eine lange Zeit während des Römischen Reiches meist glatt rasiert und trugen einfache Kurzhaarfrisuren. Erst Kaiser Hadrian begründete die römische Bartmode. Die meisten Männer ließen sich jeden Morgen bei einem Barbier rasieren, wo sie den neuesten Klatsch und Tratsch hörten. Der Besuch bei einem Barbier war allerdings eine schmerzhafte Angelegenheit, denn die Barbiere benutzten weder Seife noch Öl. Einige Männer ließen sich auch die Haare von Armen und Beinen entfernen.

Zur Zeit der Republik banden die Frauen ihr Haar zu einem einfachen Knoten zusammen. Später trugen viele Frauen dann sehr kunstvolle Frisuren. Sie ließen sich mit dem Brenneisen Locken drehen, die dann mit dutzenden von Haarnadeln zu einer kunstvollen Hochfrisur aufgetürmt und hochgesteckt wurden. Einige Frauen ließen sich aus den Haaren einer Sklavin eine Perücke anfertigen.

Diese Statue zeigt eine beliebte Haarmode aus dem 2. Jh. n. Chr. Der Dichter Juvenal spottete, dass Frauen mit dieser Frisur von vorn viel größer aussehen würden als von hinten.

SCHMUCK

Reiche Römer und Römerinnen trugen viele Ringe, manchmal mehrere an jedem Finger. Frauen, die es sich leisten konnten, schmückten sich außerdem mit Broschen, Armreifen, Halsketten und Ohrringen aus Silber oder Gold.

Goldring mit eingefasster Gemme

Mit Perlmutt und Smaragden besetzte Halskette

Kunstvoll gearbeitete Ohrringe in Delfinform

Schlangen-förmiger Armreif

MAKE-UP

Wohlhabende Römerinnen ließen sich jeden Morgen stundenlang von ihren Sklavinnen zurechtmachen. Damals war ein blasser Teint modern. Deshalb wurde auf Gesicht und Arme ein Puder aus Kreide aufgetragen. Die Augenbrauen wurden mit Asche geschwärzt und die Lippen mit Pflanzenfarbstoffen gerötet. Einige Frauen benutzten sogar eine Gesichtscreme aus zerriebenen Schnecken.

Vornehme Frauen benutzten Parfüm, das in solchen Fläschchen aufbewahrt wurde.

IN DEN THERMEN

In den wenigsten römischen Privathäusern gab es ein eigenes Badezimmer. Deshalb gingen die meisten Menschen täglich in die öffentlichen Thermen, die weit mehr waren als einfache Bäder. Sie waren oft riesige Freizeitstätten, in denen die Römer Sport treiben, Freunde treffen, sich über Geschäft und Politik unterhalten oder sich einfach nur entspannen konnten.

PRACHTVOLLE BADEPALÄSTE

Um das Jahr 300 gab es in der Stadt Rom elf große, öffentliche Thermen und über 1000 kleinere, privat betriebene Bäder. Einige Kaiser ließen als Ausdruck ihrer Macht und ihres Reichtums prunkvolle Badepaläste errichten, die in Gold und Marmor erstrahlten. Die eindrucksvollsten Thermen, die Platz für 1600 Menschen boten, waren die von Kaiser Caracalla errichteten Caracalla-Thermen.

BADEZEITEN

Römische Bäder waren vom späten Vormittag bis Sonnenuntergang geöffnet und die meisten Römer gingen jeden Tag in die Thermen – die Frauen vormittags und die Männer nachmittags. Lange Zeit galt das gemeinsame Baden von Männern und Frauen als skandalös.

EINTRITTSGELDER

Der Besuch der Thermen war enorm günstig, vor allem für Männer, die nur die kleinste römische Münze bezahlen mussten. Von Frauen wurde das Doppelte bis Vierfache verlangt, Kinder waren frei. Politiker versuchten manchmal Wähler für sich zu gewinnen, indem sie einen Tag lang die Eintrittsgelder für die Besucher übernahmen.

SPORT UND SPIEL

Viele Römer begannen ihren Besuch in den Thermen, indem sie auf dem Sportplatz, *Palaestra* genannt, ausgiebig Sport betrieben, bis sie richtig schwitzten. Männersportarten waren Gewichtheben, Ringen, Fechten und Ballspiele, während Frauen mit einem Stock einen Metallreifen *(Trochus)* trieben.

KÖRPERHYGIENE

Die Römer kannten keine Seife und rieben ihre Körper stattdessen mit duftenden Ölen ein. Mit Hilfe eines gebogenen Schabers, *Strigilis* genannt, wurde das Öl dann zusammen mit dem Schmutz abgeschabt. Sich selbst abzuschaben war nicht ganz einfach, deshalb brachten wohlhabende Römer für gewöhnlich einen Sklaven mit, der sie mit der *Strigilis* reinigte.

Mit einer gebogenen Strigilis aus Metall wurden Öl und Schmutz von der Haut geschabt.

HEIZUNG

In den Thermen gab es ein zentrales Heizungssystem, ein so genanntes *Hypocaustum.* In einer Feuerungskammer im Keller wurde Luft erhitzt und diese heiße Luft wurde dann in Hohlräume unter den Fußböden und in den Wänden geleitet. Einige Fußböden waren so heiß, dass die Menschen Sandalen mit Holzsohlen tragen mussten, während die Sklaven, die die Öfen befeuerten, wegen der starken Hitze oft ohnmächtig wurden.

In den Thermen gab es häufig öffentliche Toiletten, wo die Menschen nebeneinander saßen und sich unterhielten.

ENTSPANNEN SIE SICH!

Viele Römer blieben oft bis Badeschluss in den Thermen. Nach dem Badegang konnten sie sich in einer der Garküchen einen Imbiss kaufen, in den Gärten spazieren gehen, in der Stille der Bibliothek lesen oder einem Konzert oder einem Dichtervortrag lauschen. Einige saßen im Schatten bei Würfel- oder Brettspielen.

Im Tepidarium gab es ein Becken mit lauwarmem Wasser, in dem sich die Badenden langsam abkühlen konnten.

Rekonstruktion einer römischen Thermenanlage

Spielsteine und Würfel

Unbeheiztes Freibad, Natatio genannt

BROT UND SPIELE

Die meisten römischen Bürger hatten wesentlich mehr Freizeit als wir heute, weil ein Großteil der schweren Arbeit damals von Sklaven verrichtet wurde. Tatsächlich gab es in Rom so viele Sklaven, dass viele ärmere Römer keine Arbeit fanden. Damit die Menschen bei Laune gehalten wurden – und sie weniger Zeit für mögliche Aufstände hatten –, ließen die Kaiser blutige Gladiatorenkämpfe und Tierhetzen abhalten, die so genannten „Spiele".

An heißen Sommertagen wurde ein riesiges Sonnensegel an diesen Pfählen befestigt und über die Zuschauerränge gespannt.

Frauen und Männer mussten getrennt sitzen. Frauen saßen versteckt hinter dieser Wand auf den schlechtesten Plätzen.

So sah es im Inneren des Kolosseums aus.

Der Boden des Kolosseums wurde manchmal geflutet. Die Gladiatoren kämpften dann in künstlichen Seeschlachten, in so genannten Naumachien.

DIE ENTWICKLUNG DER SPIELE

Die Gladiatorenspiele entstanden aus frührömischen Begräbnisspielen. Zur Zeit der Republik erkannten Politiker, dass sie mit prunkvoll inszenierten Schauspielen Wählerstimmen gewinnen konnten. Im Lauf der Zeit wurden an immer mehr Tagen Spiele abgehalten, sodass es zur Kaiserzeit jährlich 93 Spieltage gab. Und Kaiser, die sich beim Volk beliebt machen wollten, fügten weitere hinzu.

Die Spiele fanden in einem riesigen, steinernen Amphitheater statt, in dessen Mitte sich eine ovale Arena befand. Das größte Amphitheater der Kaiserzeit war das Flavische Amphitheater in Rom – das wir heute als das Kolosseum kennen –, in dem bis zu 50 000 Menschen Platz hatten. Unter dem Fußboden der Arena gab es ein Labyrinth aus Gängen, wo die wilden Tiere bis zu ihrem Auftritt in der Arena untergebracht waren.

BLUTIGE TIERHETZEN

Ein Spieltag begann mit dem feierlichen Einzug der Gladiatoren, Musiker, Tänzer, Jongleure und Priester. Dann kamen die wilden Tiere in die Arena. Exotische Tiere wurden entweder vorgeführt oder sie führten Kunststücke auf. Nach dem römischen Geschichtsschreiber Sueton verblüffte ein Kaiser das Publikum mit seiltanzenden Elefanten.

Die meisten Tiere mussten gegeneinander kämpfen oder sie wurden mit Speeren, Dolchen oder Pfeil und Bogen erlegt. Manchmal schickte man auch unbewaffnete Verbrecher in die Arena, die dort von Löwen, Tigern oder Bären in Stücke gerissen wurden.

GLADIATOREN

Die Gladiatorenkämpfe fanden am Nachmittag statt. Die meisten Gladiatoren waren Sklaven, Verbrecher oder Kriegsgefangene, die gegeneinander kämpfen mussten. Es gab aber auch bezahlte Freiwillige und einige wenige Gladiatorinnen. Die vielen verschiedenen Gladiatorentypen unterschieden sich in ihren Waffen, ihrer Bekleidung und ihrer Schutzausrüstung. Meist traten verschiedene Gladiatorentypen gegeneinander an.

Der Samnit *trug Schwert, Schild und einen Visierhelm.*

Der Kampf in der Arena war ein Kampf auf Leben und Tod. Schwer verletzte Gladiatoren konnten den Kaiser um Begnadigung bitten. Der Kaiser befragte das Publikum und gab dann mit dem Daumen ein Zeichen. Der nach oben gerichtete Daumen bedeutete, dass der Gladiator am Leben bleiben durfte.

Der Sieger eines Kampfes erhielt eine Geldprämie und einen Siegeskranz. Gladiatoren, die oft als Sieger aus der Arena gingen und lange genug lebten, konnten reich und berühmt werden – sie waren so etwas wie die Popstars der Antike. Manchmal wurde ihnen als Zeichen ihrer Freilassung auch ein Schwert aus Holz überreicht. Viele freigelassene Gladiatoren unterrichteten später in speziellen Gladiatorenschulen.

Der Retiarier *kämpfte mit Dreizack und Wurfnetz.*

Der Murmillo *war mit Schwert und Schild bewaffnet und trug einen Helm.*

Der Thraker *war mit einem sichelartig gebogenen Kurzschwert und einem kleinen Schild bewehrt.*

BEIM WAGENRENNEN

Wagenrennen waren früher Teil religiöser Feste und wurden mit der Zeit als Unterhaltungsspektakel überaus beliebt. Die Rennen fanden auf eigens dafür errichteten Rennbahnen (Circus) statt und zogen riesige Zuschauermengen an. Die größte Rennbahn war der *Circus Maximus* in Rom, in dem 250 000 Zuschauer Platz fanden, also mehr als in jedem heutigen Sportstadion.

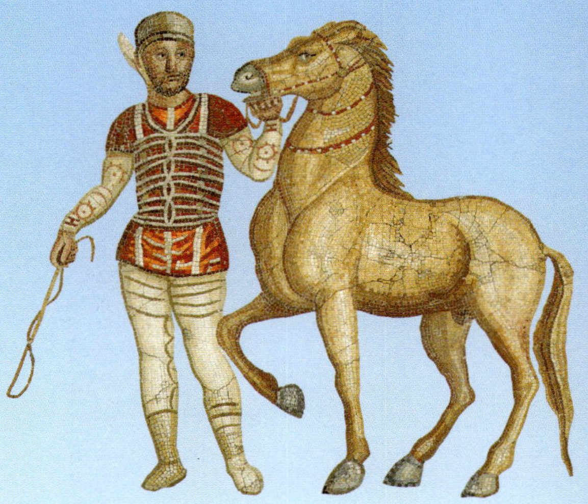

DER RENNTAG

Nur römische Bürger und deren Familien durften die Wagenrennen besuchen und die Menschen kamen schon im Morgengrauen in den Circus, um sich gute Plätze zu sichern. Hier durften Männer und Frauen nebeneinander sitzen. Der Dichter Ovid pries den Circus als einen guten Ort, um einen Freund oder eine Freundin zu finden!

Das Rennen begann mit einer feierlichen Prozession von Musikern, gefolgt vom Veranstalter der Spiele, der diese eröffnete. Das konnte ein wichtiger Senator oder sogar der Kaiser selbst sein. Ihm und seinen Begleitern folgten Sänger und Priester, die Götterbilder trugen.

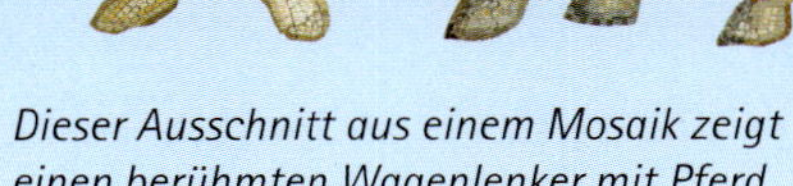

Dieser Ausschnitt aus einem Mosaik zeigt einen berühmten Wagenlenker mit Pferd.

Das Wagenrennen führte um die Mittelbarriere, Spina genannt, an deren Enden die Wendemarken mit jeweils drei hoch aufragenden Kegelsäulen standen.

Die ärmsten Bürger standen ganz oben.

Die Senatoren saßen auf Marmorbänken.

Kaiserloge

RENNBEGINN

Begleitet vom Schall einer Trompete, hob der Veranstalter der Spiele ein weißes Tuch und ließ es in die Arena fallen. Die Boxentore an einem Ende der Rennbahn flogen auf, die Wagenlenker preschten mit ihren leichten Wagen heraus und rasten über die Rennbahn.

Ein Gespann bestand meist aus zwei oder vier Pferden. Manchmal wurden zur Spannungssteigerung aber auch sechs oder acht Pferde vor den Wagen geschirrt, denn je mehr Pferde einen Wagen zogen, desto schwieriger wurde es für den Wagenlenker. Und damit die Fahrer nicht von den Wagen fielen, banden sie sich die Zügel um den Körper. Jeder Lenker trug einen leichten Helm und einen Dolch, mit dem er die Zügel durchschneiden konnte, wenn der Wagen umkippte.

Wagenlenker in einer Linkskurve des Circus Maximus

GEFÄHRLICHE KURVEN

Die gefährlichsten Stellen des Rennens waren die engen Kurven an den Bahnenden. Die Lenker, die sich um eine gute Position rangelten, versuchten so knapp wie möglich um die *Spina* zu fahren. Dabei kam es oft zu spektakulären Unfällen und Zusammenstößen und nicht selten wurden die Wagenlenker dabei verletzt oder getötet.

REICH UND BERÜHMT

Die meisten Wagenlenker waren Sklaven, aber es gab auch professionelle Fahrer, die enorm hohe Geldsummen dafür bezahlt bekamen, dass sie an den Rennen teilnahmen. Die Gewinner bekamen eine Geldprämie, einen Palmzweig und waren außerdem mit einem Schlag berühmt. Die Lenker führten ein glamouröses Leben, das aber auch sehr kurz sein konnte – viele wurden nicht einmal 25 Jahre alt.

In einem Rennen traten bis zu zwölf Wagen gegeneinander an und an einem Renntag wurden bis zu 24 Rennen gefahren.

Der Palmzweig galt in Rom als Siegessymbol.

DIE RENNSTÄLLE

Die meisten Wagenlenker gehörten zu einem von vier Rennställen, die nach Farben benannt waren. Es gab die Roten, die Blauen, die Weißen und die Grünen – und die besten Fahrer der einzelnen Rennställe hatten eine fanatische Fangemeinde. Die Fans schlossen vor dem Rennen Wetten auf ihren Rennstall ab und feuerten ihre Wagenlenker lautstark an. Die Gemüter schlugen so hoch, dass es manchmal zu Ausschreitungen kam.

Diesen ägyptischen Obelisken brachte Kaiser Augustus nach Rom.

Nach jeder der sieben Runden wurde ein Rundenanzeiger in Form eines Delfins oder eines Eies nach unten gekippt.

Die Rennbahn des Circus Maximus *war zirka 550 m lang und ungefähr 180 m breit.*

THEATER UND PANTOMIME

Während des 3. Jhs. v. Chr. wurden Theaterstücke, die auf griechischen Tragödien und Komödien beruhten, auch in Rom beliebt. Mit der Zeit entwickelten die Römer aber ein eigenes Theater, das in der Gunst der Zuschauer mit den spektakulären Wagenrennen und Gladiatorenkämpfen durchaus konkurrieren konnte.

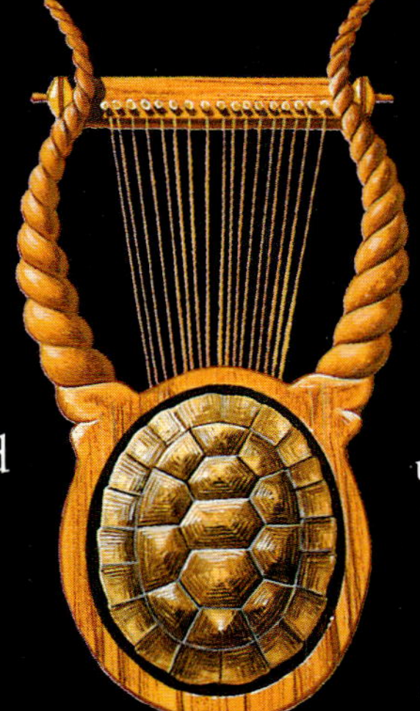

Theaterstücke wurden mit Instrumenten wie zum Beispiel der Lyra musikalisch untermalt.

KOMÖDIE UND TRAGÖDIE

Die ersten Theaterstücke, die in Rom aufgeführt wurden, waren klassische griechische Komödien und Tragödien, die ins Lateinische übersetzt waren. Tragödien handelten von griechischen Göttern und Helden, während es in den Komödien um gewöhnliche Menschen ging. Römische Bühnenschriftsteller passten diese Stücke bald an den Geschmack des römischen Publikums an. Die berühmtesten Theaterautoren waren Plautus und Terenz.

VERÄNDERUNGEN IM DRAMA

Anfangs wurden die Theaterstücke als Bestandteil eines Festes für einen Gott oder eine Göttin aufgeführt. Die Bühne war ein provisorisches Brettergerüst, das nach der Darbietung wieder abgebaut wurde. Das erste feste Theater in Rom – das Theater des Pompejus – wurde 55 v. Chr. errichtet und ähnliche Gebäude entstanden bald in vielen Städten des Römischen Reiches.

Klassische Dramen mit komplizierten Handlungssträngen waren bei einigen gebildeten Römern auch weiterhin beliebt, aber die meisten Menschen wünschten sich eine leichtere Unterhaltung. Deshalb wurden die Dialoge gestrichen, die Handlung wurde von Schauspielern mimisch dargestellt und der Text auf eine Reihe von Gesängen reduziert, die von einem Chor gesungen wurden. Diese Theaterform bezeichnete man als Pantomime.

Dieses Mosaik zeigt eine Schauspieltruppe kurz vor ihrem Auftritt.

MASKEN UND KOSTÜME

In jedem Stück gab es ganz bestimmte Charaktertypen wie z. B. den „weisen Alten" oder den „grinsenden Tölpel" und die Schauspieler trugen ihrer Rolle entsprechende ausdrucksstarke Masken. Die Frauenrollen wurden von Männern gespielt.

Die verschiedenen Charaktere konnten auch durch ihre Kostüme kenntlich gemacht werden – Rot stand für einen Armen, Purpur für einen reichen Bürger und Weiß für eine ältere Person.

Dieses Mosaik zeigt zwei Theatermasken – links eine tragische Maske für eine Frauenrolle und rechts eine komische Maske.

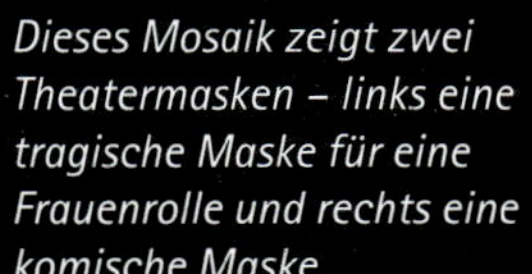

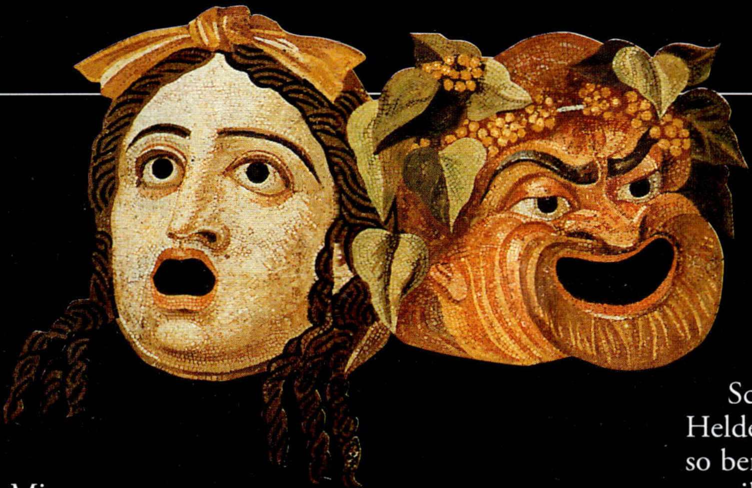

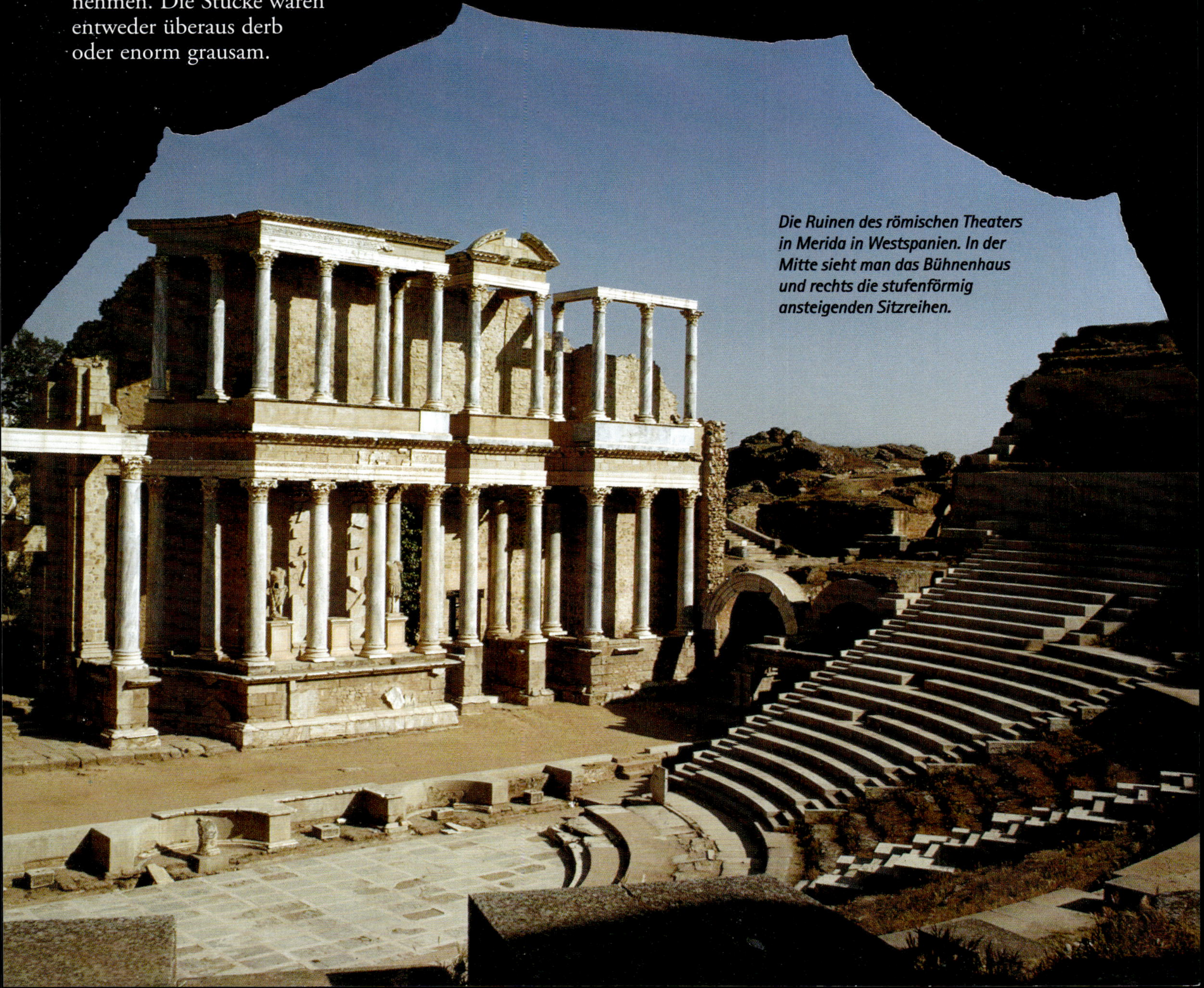

DER MIMUS

Zur Kaiserzeit wurde eine Theaterform sehr beliebt: der Mimus. Die Darsteller trugen Alltagskleidung und keine Masken und auch Frauen konnten an diesen Aufführungen teilnehmen. Die Stücke waren entweder überaus derb oder enorm grausam.

Ein Theaterstück endete z. B. damit, dass ein Verbrecher die Rolle des Schauspielers übernahm und auf der Bühne getötet wurde.

STARKULT

Die Schauspielkunst war kein respektabler Beruf, deshalb waren die Darsteller meist Sklaven oder Freigelassene. Berühmte Schauspieler wurden aber wie Helden verehrt und einige wurden so berühmt, dass sie regelrecht von ihren Fans belagert wurden. Frauen durften nicht in der Nähe der Bühne sitzen, damit sie sich in ihrer Hysterie nicht auf einen der Darsteller stürzen konnten.

Die Ruinen des römischen Theaters in Merida in Westspanien. In der Mitte sieht man das Bühnenhaus und rechts die stufenförmig ansteigenden Sitzreihen.

GÖTTER UND GÖTTINNEN

Die Römer hatten zwei Arten von Göttern – die mächtigen Götter und Göttinnen der Staatsreligion und die Schutzgeister des Hauses. Den wichtigen Staatsgöttern wurden Tempel errichtet und von den Menschen wurde erwartet, dass sie bei öffentlichen Opferhandlungen anwesend waren. Zu Hause beteten die Römer zu ihren eigenen Hausgöttern und brachten ihnen einfache Opfergaben dar.

VIELE GÖTTER

Es gab dutzende römischer Götter und Göttinnen, aber die drei wichtigsten waren Jupiter, Juno und Minerva. Die Römer hatten die meisten ihrer Götter von den Griechen übernommen – Jupiter war ursprünglich der griechische Gott Zeus.

Jeder Gott war für einen anderen Lebensbereich zuständig. Jupiter herrschte über den Himmel, Juno war die Göttin der Frauen und Minerva wachte über die Soldaten und die Schulkinder. Es gab sogar Hausgötter, die für den Schimmel zuständig waren. Eine Liste der römischen Götter findet ihr auf Seite 102.

Die Römer glaubten, dass Jupiter, der oberste römische Gott, Gewitter verursachte und Blitze vom Himmel herabschleuderte.

OPFERGABEN

Die Opfer an die Götter reichten von einfachen Kuchen und Blumen bis zu kunstvollen Statuen, aber die beliebtesten Opfergaben waren Tiere. Wer ein wertvolles Tier opferte, drückte damit seine große Hochachtung den Göttern gegenüber aus. Auf den Altären vor den Tempeln opferten die Priester Stiere, Schafe, Schweine und Tauben.

Sobald das Tier tot war, wurden seine Eingeweide herausgenommen und untersucht. Die Römer glaubten, dass sie dadurch den Willen der Götter herausfinden konnten. Dann wurden die Eingeweide auf dem Altar verbrannt und das restliche Fleisch wurde als Opferschmaus von der Opfergesellschaft verspeist.

Bacchus war der Gott des Weines. Diese Statue zeigt ihn mit Weintrauben im Haar.

PRIESTER UND PRIESTERINNEN

Die meisten römischen Priester hatten auch noch andere Berufe und zur Kaiserzeit war der oberste Priester – der *Pontifex Maximus* – der Kaiser selbst. Die Vestalinnen waren Priesterinnen, die der Göttin Vesta, der Göttin des Herdes, 30 Jahre lang dienten. Im Tempel der Vesta auf dem Forum Romanum in Rom hüteten sie ein ewiges Feuer.

Ein Priester führt einen Stier zum Opfer vor einen Tempel.

Einer der wichtigsten römischen Priester war der *Flamen Dialis,* der Priester Jupiters. Das Leben des *Flamen Dialis* wurde durch viele Vorschriften eingeschränkt. Ziegen, Efeu und Bohnen zu berühren oder über sie zu sprechen war für ihn z. B. verboten.

RELIGIÖSE FESTE

Religiöse Feste fanden über das ganze Jahr verteilt statt, vor allem aber zur Zeit der Aussaat und der Ernte. Einige Feste waren feierliche Zeremonien, bei anderen ging es überaus ausgelassen zu.

Beim Saturnalien-Fest im Dezember bedienten die Herren ihre Sklaven, man beschenkte sich gegenseitig und ein Trinkkönig gab Befehle an die Feiernden aus.

KAISER UND GOTT

Kaiser Augustus wurde sehr bald nach seinem Tod durch einen Beschluss des Senats zum Gott erklärt. Seit dieser Zeit hat man viele Kaiser nach ihrem Tod zu Göttern erhoben und im gesamten Römischen Reich Kaiserstatuen zu ihrer Verehrung aufgestellt.

Mit ihren Gebeten an die verstorbenen Kaiser bezeugten die Menschen im Grunde nur ihre Hochachtung gegenüber dem Römischen Reich. Kaiser Caligula hielt sich aber tatsächlich für einen Gott. Wie der römische Historiker Sueton berichtet, verkleidete sich Caligula oft als Jupiter und trug sogar einen Blitz aus Metall bei sich, damit er Furcht einflößender wirkte.

HAUSGÖTTER

In ihren Häusern beteten die Römer zu zwei Hauptgruppen von Göttern. Die *Laren* waren die Schutzgeister des Hauses und der Familie, während die *Penaten* über die Vorratskammer und die Essensschränke wachten.

Statuette eines Laren – Schutzgeist des Hauses

In jedem Haus gab es einen Schrein – *Lararium* genannt –, vor dem die Familie täglich betete und ihren Göttern Wein- und Speiseopfer darbrachte. Zu besonderen Anlässen wie Geburtstagen oder Hochzeiten bekamen die Götter zusätzliche Opfergaben.

Dieses Lararium *wurde in einem Haus in Pompeji gefunden. Die Familie legte die Opfergaben vor die Statuetten.*

GLAUBE UND ABERGLAUBE

M it Beginn der Kaiserzeit war die Verehrung der Staatsgötter für die meisten Römer nur noch ein leeres Ritual, was aber nicht bedeutete, dass die Menschen nicht mehr glaubten. Sie waren noch immer davon überzeugt, dass Götter und Geister ihr Leben beeinflussen konnten, und sahen überall Zeichen und Omen.

Bronzeskulptur einer Hand mit Symbolen, die böse Geister abwehren sollten

ABERGLAUBE UND ZEICHEN

Die Römer waren extrem abergläubisch. Sie waren der Meinung, dass es Unglückstage gab und dass Eulen, Schlangen und schwarze Katzen Unglücksboten waren. Selbst gebildete Römer hatten Angst vor bösen Geistern und zum Schutz vor ihnen trugen die Menschen Amulette. Außerdem vollzogen sie komplizierte Rituale, damit ihnen das Glück hold war.

BLICK IN DIE ZUKUNFT

Die Menschen versuchten auf vielfältige Weise, in die Zukunft zu sehen. Staatliche Priester, die so genannten *Auguren,* deuteten den Vogelflug, die Wolken am Himmel und die Stellung der Sterne. Römische Feldherren versuchten den Ausgang einer Schlacht vorherzusagen, indem sie heilige Hühner beim Picken beobachteten, und besorgte Kaiser befragten Astrologen, ob sie bald ermordet würden.

In Krisenzeiten zog ein Priesterkollegium die Bücher der Sibylle von Kumä zu Rate. Diese Prophetin soll zur Zeit der frührömischen Könige in einer Grotte gelebt und behauptet haben in die Zukunft sehen zu können.

FREMDE GÖTTER

Im 1. Jh. n. Chr. suchten viele Menschen nach einem Glauben, der ihrem Leben einen tieferen Sinn gab, und tausende von Römern wandten sich vorderasiatischen Religionen zu. Im Gegensatz zur Staatsreligion beinhalteten diese fremden Glaubensrichtungen strenge Verhaltensvorschriften. Und sie versprachen den Gläubigen ein Leben nach dem Tod.

MUTTERGOTTHEITEN

Im ganzen Römischen Reich wurden Römer begeisterte Anhänger der ägyptischen Gottesmutter Isis und der kleinasiatischen „Großen Mutter" Kybele. Diese mächtigen Muttergottheiten wurden vor allem von Frauen verehrt und ihre Priester vollzogen komplexe Rituale, die von Tod und Wiedergeburt handelten. Die Verehrung der Isis wurde besonders beliebt, nachdem die ägyptische Königin Kleopatra 45 v. Chr. ein Jahr lang in Rom gelebt hatte.

Die Priester der Isis benutzten bei ihren Kulthandlungen ein Sistrum, ein rasselartiges Musikinstrument.

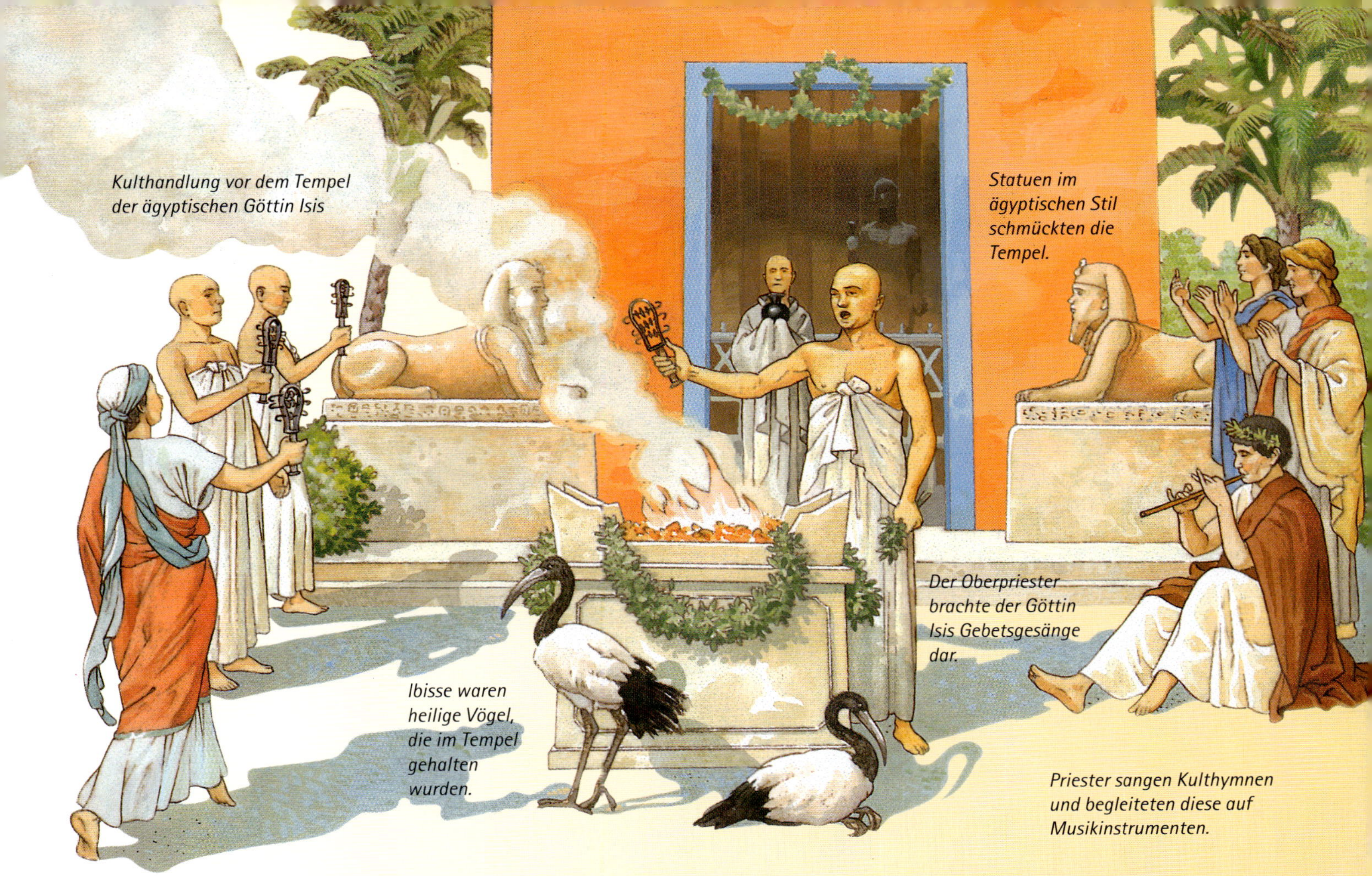

Kulthandlung vor dem Tempel der ägyptischen Göttin Isis

Statuen im ägyptischen Stil schmückten die Tempel.

Der Oberpriester brachte der Göttin Isis Gebetsgesänge dar.

Ibisse waren heilige Vögel, die im Tempel gehalten wurden.

Priester sangen Kulthymnen und begleiteten diese auf Musikinstrumenten.

MÄCHTIGER MITHRAS

Die Anhänger des persischen Gottes Mithras versammelten sich in unterirdischen Tempeln, wo sie sich schmerzhaften Prüfungen unterzogen und z. B. mehrere Stunden in einen Sarg eingesperrt wurden. Der Mithraskult war eine reine Männerreligion, die bei römischen Soldaten sehr beliebt war.

JUDEN UND CHRISTEN

In den vorderasiatischen Religionen des Judentums und des Christentums gab es jeweils nur einen einzigen Gott, was bedeutete, dass die Anhänger dieser Religionen die römischen Götter nicht verehrten. Juden und Christen wurden deshalb im Römischen Reich zeitweise erbittert bekämpft. Tausende von Christen wurden verfolgt und getötet und Kaiser Hadrian versuchte das Judentum vollständig auszulöschen.

KELTISCHE GÖTTER

In den keltischen Gebieten Britannien und Gallien (dem heutigen Frankreich) betete man in römischer Zeit zu den vielen dort heimischen Göttern und verband diese manchmal mit den römischen Gottheiten. Die keltischen Priester – Druiden genannt – wurden aber von den Römern verabscheut, weil diese Priester Menschenopfer darbrachten und weil sie die Kelten dazu ermutigten, sich gegen die Herrschaft der Römer aufzulehnen.

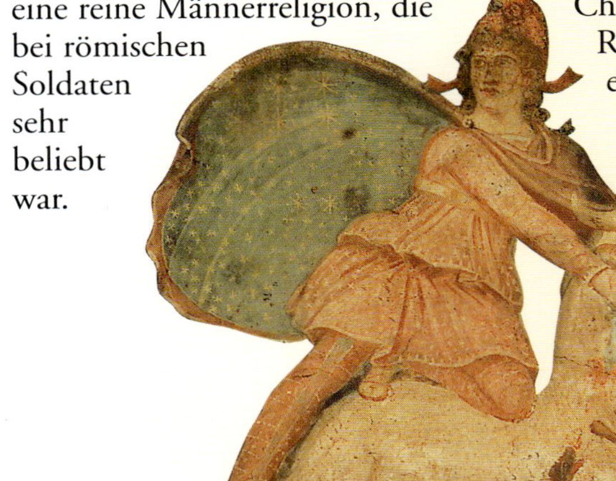

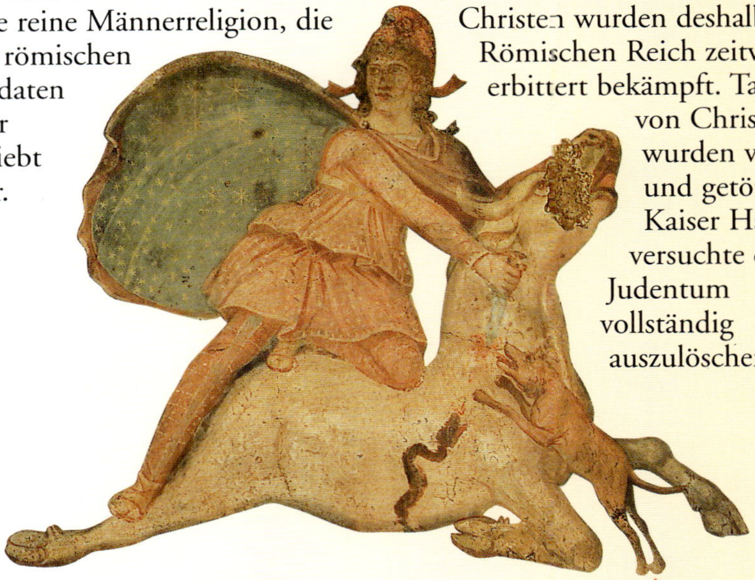

Mithras tötet den heiligen Stier, aus dessen Blut der Legende nach alles Leben auf der Erde entstanden sein soll.

HEILKUNST UND MEDIZIN

Zur Zeit der Römer waren die genauen Ursachen der Krankheiten noch nicht bekannt. Oft schrieb man Krankheiten dem Wirken böser Geister zu oder man hielt sie für Strafen der Götter. Die Römer wandten viele Arten der Heilkunst an, zu denen auch die Anrufung der Götter gehörte.

ZAUBERSPRÜCHE UND GEBETE

Viele Römer versuchten Krankheiten dadurch zu heilen, indem sie immer wieder magische Formeln vor sich hin beteten

Mit Votivgaben, die erkrankte Körperteile darstellen, dankten die Menschen in Äskulap-Tempeln dem Gott für eine Heilung oder sie wollten ihn an eine Bitte um Heilung erinnern.

oder Äskulap anriefen, den Gott der Heilkunst. Einige Menschen waren so verzweifelt, dass sie die Nacht im Äskulap-Tempel in Rom verbrachten. Sie hofften, dass ihnen der Gott im Traum erschien und ihnen zeigte, wie sie wieder gesund werden konnten.

NATURHEILMITTEL

Dieses Relief zeigt eine Apotheke. Hier ist eine Apothekerin abgebildet, was für die Römerzeit ungewöhnlich ist.

Die meisten römischen Heilmittel wurden aus Pflanzen und Kräutern hergestellt. In der Frühzeit der Republik mischten sich die Menschen anhand von althergebrachten Rezepten ihre eigenen Hausmittel, mit Beginn der Kaiserzeit gab es aber bereits Apotheken, in denen man Naturheilmittel kaufen konnte.

In einem Mörser zerstießen die Apotheker Pflanzen und Mineralien mit einem Stößel und drehten daraus Pillen und rührten Salben. Wein und Heilkräuter vermischten sie zu einem alkoholhaltigen Hustensaft.

Rosmarin wurde für Heilmittel bei Sehschwächen verwendet.

ARZTBESUCHE

Während die meisten Menschen zu den Ärzten in die Praxen gingen, hatten wohlhabende Römer Leibärzte oder sie wurden von Ärzten zu Hause aufgesucht. Die Römer mussten für ihre medizinische Versorgung bezahlen.

Die Sprechstunden wurden in Läden oder in Privaträumen abgehalten, wo die Patienten von den Ärzten auf einer Liege untersucht wurden. Die Ärzte verschrieben Naturheilmittel, rieten zu einer gesünderen Ernährungsweise und empfahlen Sport und Besuche in den öffentlichen Bädern. Sie glaubten aber auch an die heilsame Wirkung des Aderlasses, bei dem den Patienten mehrere Becher Blut entnommen wurden.

Salbei war eine wichtige Heilpflanze für die Zubereitung von Hustensäften.

AUGEN- UND ZAHNHEILKUNDE

Einige Ärzte waren auf Augen-
leiden spezialisiert. Sie stellten
Augensalben her, für die sie Blei,
Zink oder Eisen verwendeten,
und operierten die Menschen
sogar am grauen Star.

*Falsche Zähne aus Elfenbein oder Knochen
wurden an einem rostfreien Goldband befestigt.*

QUALVOLLE OPERATIONEN

In der Armee ausgebildete Chirurgen
führten in öffentlichen Krankenhäu-
sern einfache Operationen durch.
Diese Militärärzte verstanden sich
hervorragend auf das Amputieren von
Gliedmaßen und das Einrichten von
Knochenbrüchen. Bei anderen Operationen wie z. B. Blinddarmentfernun-
gen waren sie weniger erfolgreich.

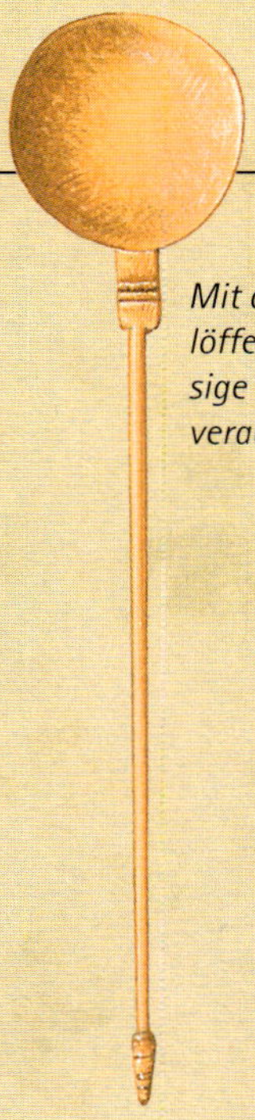

*Mit diesem Bronze-
löffel wurden flüs-
sige Heilmittel
verabreicht.*

*Mit solchen
Pinzetten
entfernten
Chirurgen
Speerspitzen
aus Wunden.*

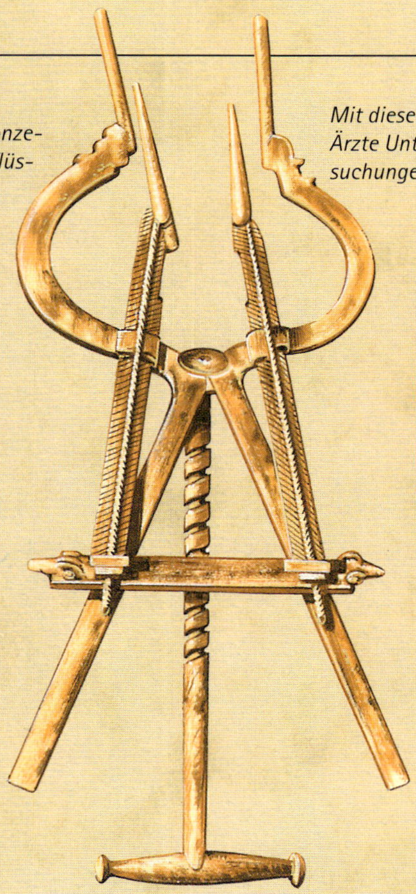

*Mit diesem Speculum führten
Ärzte Unterleibsunter-
suchungen durch.*

*Mit diesem
Spatel wur-
den Salben
aufge-
tragen.*

*Mit solchen
Wundhaken hielt man
Wunden während der
Operation offen.*

Und da es außer Wein
und Mohnsaft keine anderen Betäubungs-
mittel gab, waren chirurgische Eingriffe
sehr schmerzhaft. Und selbst wenn ein
Patient eine Operation überlebte, kam es
nicht selten vor, dass er kurze Zeit später
an einer Schockreaktion oder einer
Infektion verstarb.

GUTE UND SCHLECHTE ÄRZTE

Die meisten Ärzte waren Griechen, die
die Schriften des griechischen Arztes
Hippokrates studiert hatten. Damals
konnte sich aber jeder als Arzt ausgeben
und es gab viele Quacksalber und
Scharlatane. Der römische
Dichter Martial beschrieb
einen Mann, der zuerst
Arzt und dann Leichen-
träger war und in
beiden Berufen gleich
viele Menschen unter
die Erde gebracht
hatte.

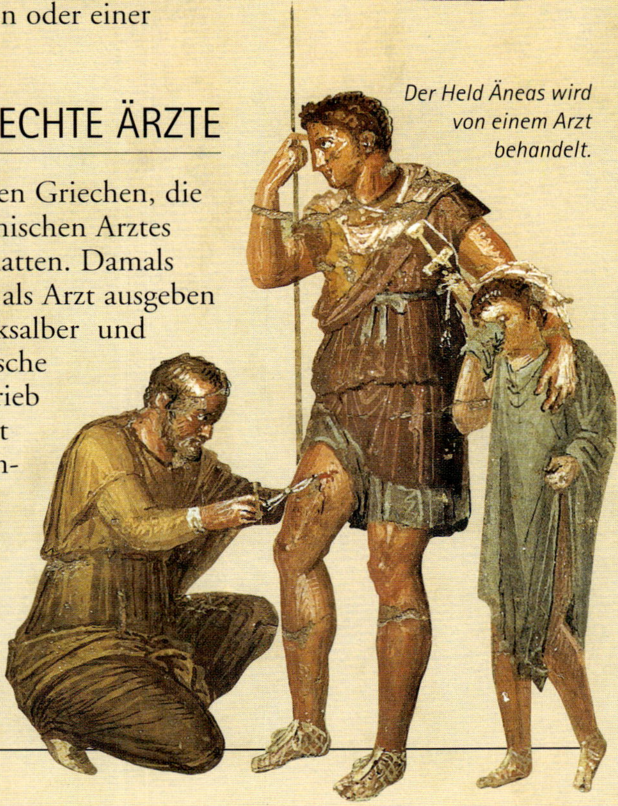

*Senfsamen wurden
zur Behandlung
von Schlangen-
bissen ver-
wendet.*

*Fenchel sollte die
Nerven beruhigen.*

*Zitronenmelisse
verabreichte
man bei Kopf-
schmerzen.*

*Knoblauch sollte die
römischen Soldaten bei
guter Gesundheit halten.*

*Der Held Äneas wird
von einem Arzt
behandelt.*

HANDWERK UND HANDEL

In einer römischen Stadt wurden alle schweren Arbeiten von Sklaven verrichtet, sodass gewöhnliche römische Bürger ihren Lebensunterhalt auf andere Weise verdienen mussten. Die meisten Stadtbewohner waren Ladenbesitzer oder Handwerker. In den römischen Städten herrschte reger Betrieb.

LADENBESITZER

In jeder Stadt gab es mehrere Bäcker, Metzger, Fischhändler, Olivenölverkäufer und Weinhändler, die den täglichen Lebensmittelbedarf der Römer deckten. Brot war ein wichtiges Grundnahrungsmittel, deshalb waren Bäckereien besonders wichtig.

Geschäftiger Alltag in einer Bäckerei

HANDWERKER

Römische Handwerker stellten eine Vielzahl von Gütern her, von einfachen Kleidungsstücken und Werkzeugen bis hin zu kunstvollen Kelchen und Statuen. Die Handwerker waren für gewöhnlich Männer, aber die Werkstätten waren Familienbetriebe, sodass die Frauen und Töchter oft mithalfen. Die Söhne erlernten ihr Handwerk von ihren Vätern, aber die unangenehmsten Aufgaben mussten die Sklaven verrichten.

Dieses Relief zeigt einen Messerschmied und seinen Gehilfen an der Ladentheke ihrer Werkstatt.

In jeder Stadt gab es eine Reihe von unentbehrlichen Handwerksbetrieben. Tischler schreinerten Betten, Tische und Vorratstruhen. Töpfer fertigten einfache Töpfe und Geschirr, während Metallhandwerker aus Eisen, Kupfer und Bronze Werkzeuge, Pfannen und Waffen herstellten.

Der Bäcker verkaufte das Brot an einer zur Straße hin gelegenen Ladentheke.

Weizen wurde in einer Getreidemühle zu Mehl gemahlen.

Mehl wurde mit Hefe und Wasser zu einem Teig geknetet.

Das Brot wurde über dem offenen Feuer auf Gestellen gebacken.

TUCHWALKER

Bevor aus den Wollstoffen Kleidungsstücke hergestellt wurden, brachten die meisten Römer ihre Stoffe zum Tuchwalker, der sie reinigte und einer Spezialbehandlung unterzog. Zunächst tauchte er das Tuch in Urin, damit es steif wurde, und dann wusch er es mit einer Tonsorte, der Walkerde. Danach wurde das Tuch geschlagen, gestreckt und gebleicht. Die Tuchwalker reinigten und flickten auch die Kleidung reicher Stadtbewohner.

Ein Tuchwalker taucht den Stoff in Urin.

GLASHANDWERKER

Ab dem 1. Jh. n. Chr. bliesen die Römer Glaswaren. Einige Glashandwerker stellten einfache Glasgefäße und Fensterscheiben her, während andere edles Geschirr fertigten. Wertvolle Glaswaren wurden bei prunkvollen Gastmählern präsentiert oder sie dienten als Grabbeigaben.

Glasschale und Glasflasche aus dem 1. Jh. n. Chr.

Spiralförmig gedrehte Fadeneinlagen aus weißem Glas

Gerippte Glaswaren wie diese Flasche waren sehr beliebt.

KUNSTHANDWERKER

Neben den Handwerkern, die Gegenstände des täglichen Bedarfs herstellten, gab es auch viele Kunsthandwerker, die sich auf Luxusartikel spezialisiert hatten. Gold- und Silberschmiede fertigten filigrane Halsketten, Flakons und Verzierungen aller Art, Elfenbeinschnitzer stellten kunstvolle Deckel für Schreibtafeln her und Graveure schnitten zarte Kameen für Broschen und Ringe.

Diese Kamee wurde aus einem Sardonyx genannten Schmuckstein geschnitten. Sie zeigt Kaiser Tiberius.

FREIE NACHMITTAGE

Die römischen Handwerker und Kunsthandwerker arbeiteten nicht nur hart, sie vergnügten sich auch gerne. Ende des 1. Jhs. n. Chr. waren die meisten Läden und Werkstätten in der Stadt nachmittags geschlossen und deren Inhaber amüsierten sich in den Thermen, bei den Spielen oder bei den Rennen.

HANDWERKER-VEREINIGUNGEN

Die römischen Handwerker und Kunsthandwerker konnten Berufsvereinigungen beitreten – so genannten *Collegia* –, deren Mitglieder zu regelmäßigen Sitzungen zusammenkamen und gelegentlich gemeinsam aßen. Die Handwerker waren stolz, wenn sie einem solchen Kollegium angehörten, und Mitglieder, die in eine Sterbekasse einzahlten, erhielten ein gebührendes Begräbnis und einen eindrucksvollen Grabstein.

BAUKUNST

Im ganzen Imperium errichteten römische Baumeister und Ingenieure gigantische öffentliche Gebäude, Brücken und Wasserleitungssysteme. Diese ausgeklügelten Konstruktionen sollten lange Bestand haben.

OPUS CAEMENTICIUM

Im 2. Jh. v. Chr. erfanden die Römer eine Art Beton – *Opus caementicium* genannt. Dieser neue Baustoff war unglaublich solide und trotzdem sehr leicht und einfach zu benutzen. Durch die Verwendung von Schalenmauerwerk mit einem Kern aus *Opus caementicium*

Römische Mauer mit einem Kern aus Opus caementicium

Oben war der Beton mit leichten Kieselsteinen vermischt.

Mauerverkleidung aus Ziegelsteinen

Unten war der Beton mit größeren Steinen vermischt.

konnten die Römer hoch aufragende und stabile Konstruktionen errichten, die trotzdem so leicht waren, dass sie nicht unter ihrem eigenen Gewicht zusammenbrachen. Diese Gebäude wurden oft mit einer dekorativen Verkleidung aus Stein oder Marmor versehen.

RUNDBÖGEN

Römische Bauten sind für ihre Rundbögen berühmt. Sie sind unglaublich tragfähig, weil jeder der keilförmig zugeschnittenen Steine mit enormer Kraft gegen die unmittelbar angrenzenden Steine drückt und die Bögen dadurch zusammengehalten werden.

Römische Rundbögen wurden mit Hilfe eines hölzernen Gerüstes errichtet.

Der Schlussstein wurde zuletzt eingesetzt.

Sobald der Bogen fertig war, wurde das Gerüst abgebaut.

BRÜCKENBAU

Die Römer verwendeten Bogenkonstruktionen für den Bau großer öffentlicher Gebäude und für die Errichtung von Talbrücken. Der Brückenbau erforderte großes technisches Können und eine äußerst sorgfältige Planung.

Diese Zeichnung zeigt den Bau einer einfachen römischen Brücke.

VIADUKTE UND AQUÄDUKTE

Zu den verblüffendsten Meisterleistungen römischer Ingenieurskunst gehören ihre Viadukte und Aquädukte, die zum Teil aus mehreren übereinander angeordneten Bogenreihen bestanden. Ein Viadukt war eine Talbrücke, auf der eine Straße verlief. Ein Aquädukt war eine steinerne Wasserleitung, die mittels Bogenkonstruktionen auch Täler überbrückte. Erstaunlicherweise werden manche dieser Brückenbauten heute noch benutzt.

Römische Aquädukte bildeten ein komplexes System aus Leitungen und Kanälen, die Wasser von Gebirgsquellen direkt in die Städte führten. Die längste dieser römischen Fernwasserleitungen, die nach Karthago führte, war 132 km lang. Und weil sie dem Prinzip der Schwerkraft folgten, floss das Wasser in ihnen immer leicht bergab.

1. Zunächst wurde eine provisorische, von Booten getragene Pontonbrücke geschlagen.

2. Dann wurde eine kreisförmige Spundwand aus Holzpfählen in das Flussbett getrieben.

Der Pont du Gard in Südfrankreich war Teil eines Aquäduktes,
das Wasser aus den Bergen in die Stadt Nîmes leitete.

WASSERVERSORGUNG

Sobald das Wasser in einer Stadt ankam, wurde es in riesigen Wasserspeichern gesammelt und dann durch ein System von Bleirohren den öffentlichen Trinkwasserbrunnen, Toiletten und Thermen zugeführt. Nur wohlhabende Menschen konnten es sich leisten, das Wasser direkt in ihre Häuser leiten zu lassen.

KANALISATION

Römische Ingenieure entwickelten ausgeklügelte, unterirdische Kanalsysteme, die Abwasser und Abfall aus den Städten herausführten. Das berühmteste römische Abwassersystem war die *Cloaca maxima* in Rom. Sie war so riesig, dass ein städtischer Ingenieur bei seinen Inspektionsrunden mit einem Boot hindurchfuhr.

ATEMBERAUBENDE ARCHITEKTUR

Römische Architekten ließen sich von den eleganten Tempeln der Griechen inspirieren. In der Kaiserzeit entstanden dann neue Bautechniken sowie ein eigener Architekturstil und in der gesamten römischen Welt wurden nun zur Ehre Roms große öffentliche Gebäude errichtet.

GRIECHISCHE VORBILDER

Griechische Tempel hatten einen rechteckigen Grundriss und eine äußere, umlaufende Säulenreihe trug das Dach. Die meisten Tempel aus der Frühzeit der römischen Geschichte folgten diesem Grundriss. Da die Römer ihre Kultbauten aber prachtvoller als ihre griechischen Vorbilder gestalten wollten, errichteten sie ihre Tempel auf erhöhten Plattformen oder Podien und erweiterten den Kultraum, die so genannte *Cella*. Die Römer übernahmen die drei Säulenordnungen der Griechen: die ionische,

Kultraum (Cella)

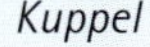

Bei den römischen Tempeln war die Säulenreihe, das Peristyl, *meist direkt an der Außenseite der* Cella *abgesetzt.*

die dorische und die korinthische, die sie aber wuchtiger gestalteten und reicher verzierten. Außerdem entwarfen sie zwei neue Säulenordnungen: die toskanische und die Kompositordnung.

Säulenordnungen der Römer:

ionisch (griech.)

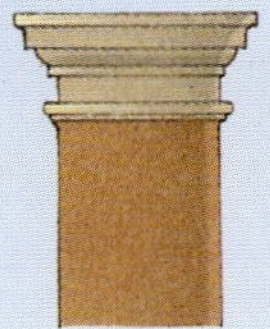
toskanisch (röm.)

korinthisch (griech.)

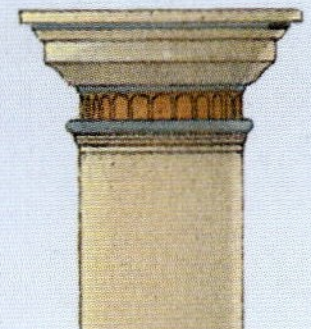
dorisch (griech.)

Kompositordnung (römische Mischform aus korinthischer und ionischer Säulenordnung)

GEWÖLBE

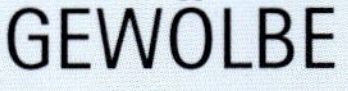

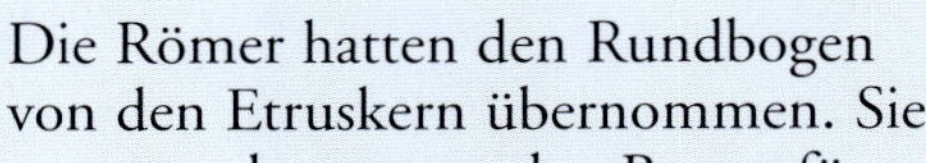

Die Römer hatten den Rundbogen von den Etruskern übernommen. Sie benutzten den Bogen für Torbögen, Fenster und für Gewölbe. Nach dem Prinzip dieser Bögen wurden auch die ersten kreisförmigen Kuppeln errichtet.

Kuppel

Ab dem Ende des 2. Jhs. n. Chr. errichteten die Römer Dachkonstruktionen, bei denen mehrere, von Säulen getragene Kreuzgewölbe aneinander gereiht wurden. Dadurch konnten sie Basiliken und Thermen mit enorm hohen Räumen bauen.

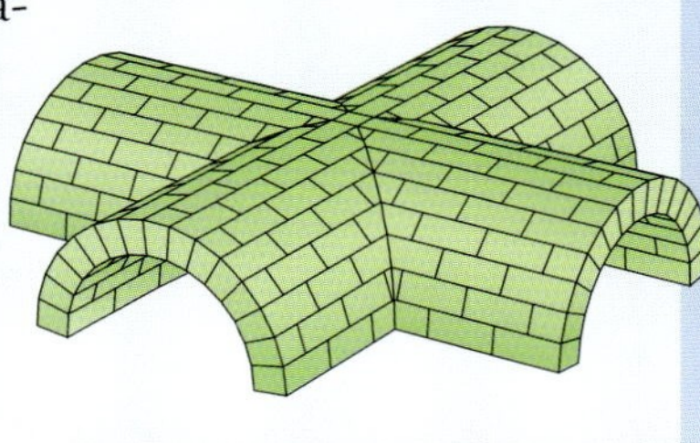
Kreuzgewölbe

...n den ...chen übernmmene ...rinthische ...äulenordnung ...war am beliebtesten.

GIGANTISCHE GEBÄUDE

Die Römer verwendeten in ihren Bauten nicht nur Bögen, Kuppeln und Gewölbe, sondern sie verbanden diese auch mit dem leichten *Opus caementicium* (siehe Seite 80). Dadurch konnten sie hoch aufragende Konstruktionen errichten, die sowohl leicht als auch stabil waren.

In jeder römischen Stadt gab es eine Reihe öffentlicher Gebäude – Tempel, Thermen, *Basiliken* und Arenen –, die alle in großem Stil errichtet waren. Gebäude mit massiven Mauern und Säulen, Rundbögen und Gewölben und ausgedehnten, luftigen Räumen, die vielen Menschen Platz boten.

TRIUMPHBÖGEN

Im gesamten Imperium errichteten die Römer großartige Triumphbögen und Triumphsäulen, die von Statuen gekrönt waren. Diese eindrucksvollen Monumente wurden zur Feier großer römischer Siege errichtet und in ihren Marmor waren Reliefs eingemeißelt, die Schlachten und Szenen aus der glorreichen Geschichte Roms zeigten.

MALEREI UND BILDHAUEREI

Die Römer schmückten ihre Gebäude gerne mit dramatischen Malereien und Skulpturen. Sogar bescheidenere Häuser besaßen eindrucksvolle Wandmalereien und römische Städte waren angefüllt mit überlebensgroßen Statuen römischer Kaiser, Feldherren und Götter.

VORBILD GRIECHENLAND

Die Römer übernahmen ihre Liebe zur Kunst von den Griechen. Als die Römer die ersten Eroberungen in Griechenland machten, fanden sie dort erstaunliche Kunstschätze vor und sie nahmen tausende griechischer Reliefs und Statuen mit nach Rom zurück. Bald wurde es modern, griechische Kunstwerke zu sammeln, und viele griechische Bildhauer richteten sich in Rom Ateliers ein, kopierten griechische Meister und schufen eigene Kunstwerke.

Realistische Bronzeskulptur eines Römers mittleren Alters

REALISMUS UND IDEALISMUS

In der Spätzeit der Republik versahen die Bildhauer ihre Porträts aus Bronze, Stein oder Marmor allmählich mit realistischen Gesichtszügen. Diese Statuen basierten zum Teil auf etruskischen Totenmasken und zeigten die Menschen, wie sie wirklich waren – mit Doppelkinn, Falten, Warzen und Ähnlichem.

Ungefähr zu Beginn des 1. Jhs. n. Chr. führte Kaiser Augustus einen neuen, idealisierten Kunststil ein. Römische Kaiser und Feldherren wurden in den folgenden 300 Jahren als gut aussehende, besonnende und souveräne Führungspersönlichkeiten dargestellt. Gewöhnliche Menschen wurden aber weiterhin im realistischen Stil abgebildet.

Diese Marmorstatue stellt Kaiser Mark Aurel edel und würdevoll dar.

RELIEFS – GESCHICHTE IN STEIN

Bereits die Griechen hielten dramatische Szenen in Stein fest. Die römischen Bildhauer konzentrierten sich aber auf das historische Relief und stellten Ereignisse aus der glorreichen Geschichte Roms in Stein und Marmor dar.

Römische Reliefs wirken für gewöhnlich dicht gedrängt, handlungsgeladen und sind angefüllt mit realistisch wirkenden Figuren mit starken Hell-Dunkel-Konstrasten.

Zur Regierungszeit Kaiser Konstantins hatten römische Bildhauer einen Großteil ihrer

Diese Reliefszene der Trajanssäule zeigt römische Soldaten in der Schlacht.

früheren Originalität verloren. Es wurden zwar immer noch einige erlesene Kunstwerke geschaffen, aber viele spätrömische Reliefs zeigen nur noch starre Reihen stämmiger und abgeflachter Figuren.

Früchte von einem Fresko eines römischen Stadthauses

WANDMALEREI

Römische Tempel, Paläste und Villen wurden mit Fresken verziert – einer Form der Wandmalerei, bei der direkt auf den feuchten Putz gemalt wird. Fresken sind sehr dauerhaft und viele römische Wandmalereien haben ihre kräftigen Farben und ihre Ausdruckskraft bis heute erhalten.

Die Motive römischer Fresken reichten von eindrucksvollen Bögen und Säulen bis hin zu exotischen Landschaften, Gärten und Landszenen. In Tempeln und Luxusvillen wurden Götter und Göttinnen abgebildet, während man in den Häusern der Mittelschicht oft Fresken fand, die Alltagsszenen zeigten.

PORTRÄTMALEREI

Viele Römer ließen Porträts von sich anfertigen, die entweder auf Holztafeln aufgetragen wurden oder die Wände ihrer Häuser schmückten. In einigen römischen Häusern gab es sogar richtige Ahnengalerien. Damals glaubte man, dass diese Porträts den Geist der abgebildeten Person enthielten, und wenn jemand in Unehre fiel, dann wurde das Gesicht dieser Person aus den Malereien weggeschabt.

Porträt von einem Sarg aus Ägypten

MEISTERHAFTE MOSAIKEN

Römische Mosaiken wurden aus tausenden kleiner Steinchen aus Marmor, Stein, gebranntem Ton und Glas hergestellt. Diese Steinchen, *Tesserae* genannt, wurden in eine feuchte Mörtelschicht gedrückt, sodass ein ebenes und enorm strapazierfähiges Oberflächenmuster entstand.

MUSTER UND MOTIVE

Die Mosaikfußböden in Tempeln, Palästen und Villen konnten einfache geometrische Muster zeigen, aber auch kunstvolle Bilder. Die Motive stammten häufig aus Mythen oder Legenden, doch auch Alltagsszenen waren beliebt. Oft wurden die Motive den jeweiligen Räumen angepasst – in manchen römischen Speisezimmern bestand der Fußboden z.B. aus einem Mosaikteich voller appetitlich aussehender Mosaikfische.

Die Umfassung des Bildfeldes wird gelegt.

Das Mosaik wird nach dem Plan des Meisters gestaltet.

Mosaik eines Tamburin schlagenden Musikanten

DIE HERSTELLUNG VON MOSAIKEN

Einfache Mosaikmuster wurden direkt vor Ort gelegt, aber kunstvollere Mosaikbilder erstellte man vorab in einer Werkstatt in einem Holzrahmen. Die Tafeln mit dem fertigen

LICHT UND SCHATTEN

Die Anordnung von tausenden winziger Steinchen zu ausdrucksstarken Mosaikbildern erfordert ein hohes Maß an künstlerischem Können und Fingerspitzengefühl. Die römischen Mosaikkünstler verwendeten feine Farbabstufungen, setzten Glanzlichter und bildeten Schattierungen ab. Dadurch wirken ihre Bilder unglaublich lebensecht.

Ab dem 4. Jh. n. Chr. wurden auch Kirchen mit Mosaiken verziert. In einigen dieser Kirchen zieren goldglänzende Engel und Heiligenfiguren überaus prachtvolle Wand- und Deckenmosaiken.

Dieses prachtvolle Deckenmosaik stammt aus einer Kirche in Ravenna.

Mosaikbild wurden dann zur Baustelle gebracht und in den Fußboden eingesetzt. Anschließend legte man eine ornamentale Umfassung um das Bildfeld.

DAS ENDE DES IMPERIUMS

Dieses Mosaik zeigt Theodora, die Frau des byzantinischen Kaisers Justinian. Es stammt aus Ravenna (6. Jh. n. Chr.).

DAS IMPERIUM IN DER KRISE

Lange Zeit schien das mächtige Römische Reich unbesiegbar, aber Mitte des 2. Jhs. n. Chr. zeigte es erste Anzeichen von Schwäche. Kaiser Mark Aurel war einen Großteil seiner Regierungszeit damit beschäftigt, feindliche Übergriffe abzuwehren, und sorgte für großen Unmut, als er für die Besoldung der Armee Steuern erhob. Zu allem Übel drang im Jahr 166 n. Chr. aus dem Osten auch noch eine verheerende Pest ins Römische Reich. Zum ersten Mal zweifelten die Menschen an der Macht Roms.

Diese Wandmalerei zeigt Septimius Severus mit seiner Familie. Einer seiner Söhne, Caracalla, ermordete seinen Bruder Geta und ließ dessen Porträt von allen Bildnissen entfernen. An der Stelle des Gesichtes sieht man nur noch einen dunklen Fleck.

UNRUHIGE ZEITEN

Nach dem Tode Mark Aurels im Jahr 180 spitzte sich die Situation zu. Sein Sohn Commodus kümmerte sich nicht um die Angriffe an den Reichsgrenzen und verschleuderte riesige Geldsummen für öffentliche Spiele und Wagenrennen. Commodus wurde 192 ermordet und sein Nachfolger, Pertinax, hatte sein Amt nur drei Monate inne, bevor auch er getötet wurde.

Kaiser Commodus kämpfte gerne selbst in der Arena. Hier wurde er als Herkules dargestellt.

Im Jahr 193 verkaufte die Prätorianergarde das Kaiseramt an den Meistbietenden. Das war Didius Julianus, der aber bald durch Septimius Severus ersetzt wurde, den Statthalter von Oberpannonien. Severus war ein energischer Kaiser, der die Grenzen des Imperiums 14 Jahre lang verteidigte. Ihm folgten drei weitere Familienmitglieder, doch alle drei wurden ermordet. Im Jahr 235 kam es schließlich zur Krise des Reiches und zur Erhebung des Heeres.

DIE SOLDATENKAISER

In den 50 Jahren zwischen 235 und 284 herrschten insgesamt mehr als 20 Kaiser, von denen die meisten ermordet wurden. Während dieser turbulenten Epoche – auch bekannt als die Zeit der Soldatenkaiser – wurde das Imperium noch dazu von der Pest heimgesucht. Steuern und Preise stiegen und die Menschen führten ein karges Leben.

Einige römische Statthalter nutzten die Krisensituation aus und griffen selbst nach der Macht. So rief sich z. B. Postumus, der Statthalter einer der germanischen Provinzen, 259 zum Gegenkaiser aus. Er schuf ein eigenes Sonderreich in Westeuropa, über das er acht Jahre lang herrschte, und bildete einen unabhängigen Senat in Trier.

ANGRIFFE AUF DAS REICH

Zur Zeit der Soldatenkaiser wurde das Römische Reich oft angegriffen, im Norden von germanischen Stämmen und im Osten von den Sassaniden aus Persien. Zum absoluten Tiefpunkt kam es im Jahr 260, als Kaiser Valerian von den Sassaniden gefangen genommen wurde. Die Sassaniden ermordeten ihn, stopften seinen Körper mit Stroh aus und stellten ihn in einem Tempel zur Schau.

Sassanidische Panzerreiter kämpften mit langen, schweren Speeren.

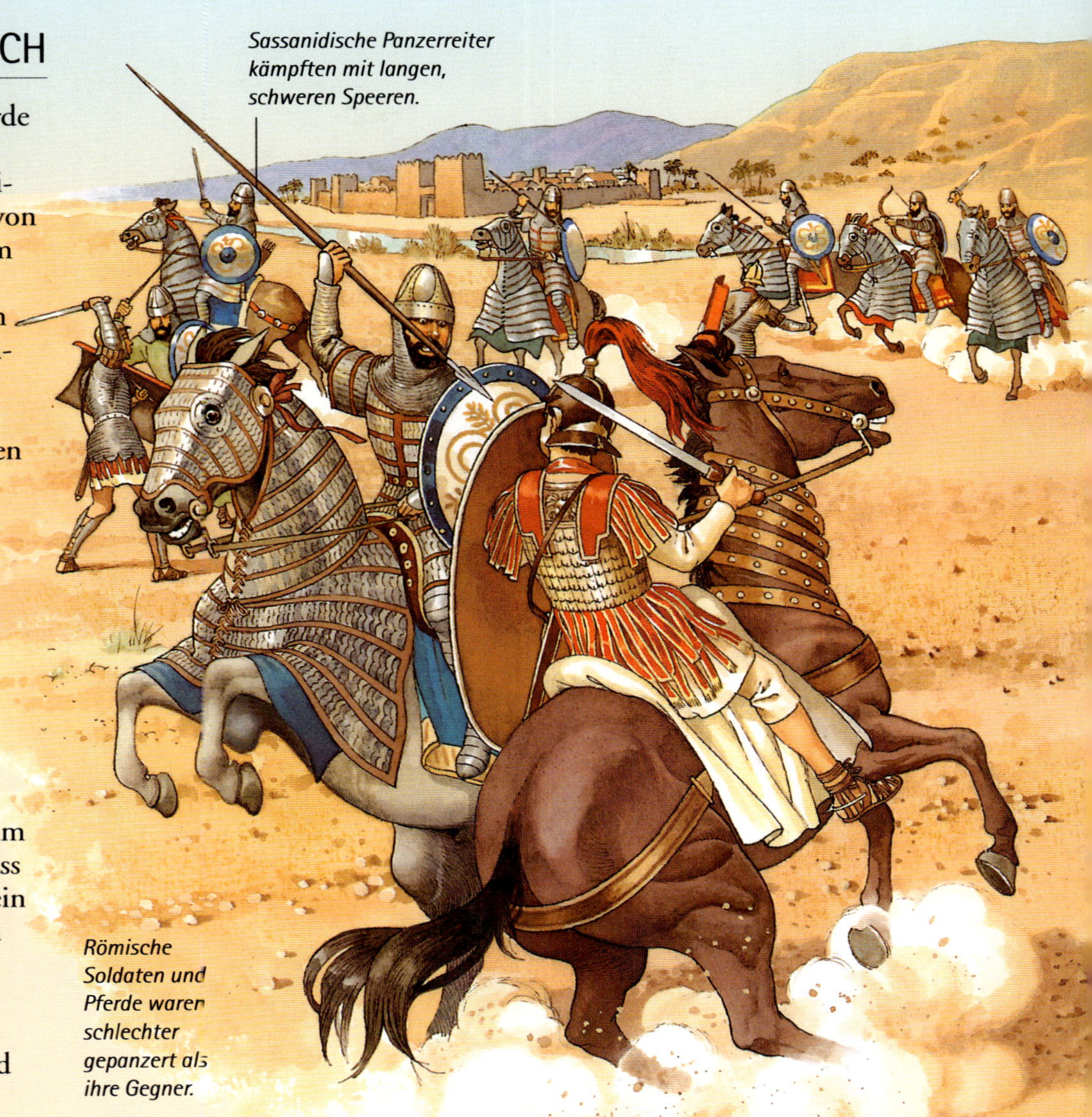

Römische Truppen verteidigen das Reich gegen Übergriffe der Sassaniden.

Römische Soldaten und Pferde waren schlechter gepanzert als ihre Gegner.

DIOKLETIAN

284 wurde Diokletian, der Befehlshaber der Leibwache des Numerian, von den Truppen zum Kaiser erhoben. Er erkannte, dass er ein so großes Reich nicht allein regieren konnte, und teilte es in zwei Herrschaftsgebiete auf. Er selbst übernahm den Osten, während ein anderer Feldherr, Maximian, Mitkaiser wurde und über den Westen regierte. Dem Kaiser und seinem Mitkaiser („Augusti") stand jeweils ein auserkorener Nachfolger zur Seite („Caesares"). Dieses System wurde als Tetrarchie, als Viererherrschaft, bezeichnet. Diokletian vergrößerte die Armee um ein Drittel und baute eine schnelle Eingreiftruppe auf, die bei Aufständen in kürzester Zeit zur Stelle war und diese niederschlagen konnte. Er teilte das Imperium in kleinere Provinzen auf und sorgte dafür, dass sie effizient verwaltet wurden. Diokletian lag viel daran, das Ansehen des Kaisers wiederherzustellen. Er erklärte sich selbst zum Gott und wollte stets erhaben und gottgleich wirken. Besucher mussten vor ihm niederknien und sein Gewand küssen.

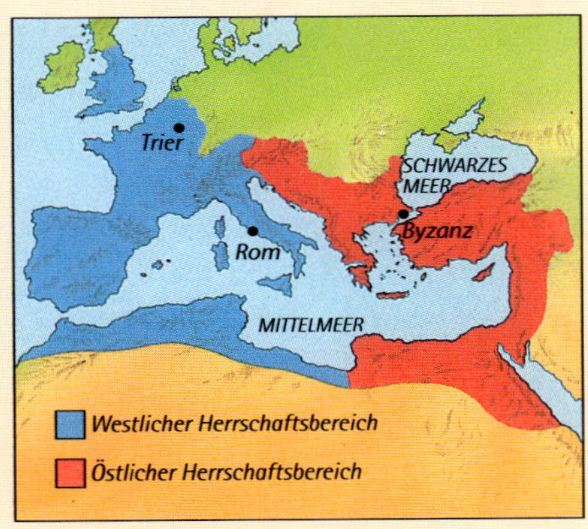

Karte des Römischen Reiches zur Zeit Diokletians

DIE NEUE HAUPTSTADT

Im Jahr 305 traten Diokletian und Maximian zurück und die beiden Cäsaren wurden die neuen Augusti. Sie blieben nicht lange an der Macht, denn Konstantin erkämpfte sich den Thron. Er vereinte die beiden Herrschaftsbereiche wieder und regierte als Alleinherrscher. Konstantin verlegte die Hauptstadt des Imperiums nach Byzanz am Bosporus, der Meerenge zwischen Marmarameer und Schwarzem Meer, und nannte die Stadt Konstantinopel (330 n. Chr.).

DER AUFSTIEG DES CHRISTENTUMS

Die christliche Religion begann, als ein Jude namens Jesus in Judäa, einer kleinen römischen Provinz in Vorderasien, zu predigen anfing. Als Jesus etwa 30 n. Chr. starb, verbreiteten seine Nachfolger seine Lehre und bis zum Ende des 1. Jahrhunderts hatte das Christentum auch in Rom Einzug gehalten.

DIE LEHRE JESU

Jesus lehrte, dass die Menschen sich von ihren Sünden abwenden und ihr Leben Gott widmen und einander helfen sollten. Die Nachfolger Jesu glaubten, dass er von den Toten auferstanden war, und hofften, dass auch sie ewiges Leben haben würden. Diese Lehre zog viele Römer an und das Christentum wurde besonders bei Armen und Sklaven sehr beliebt.

IN DEN KATAKOMBEN

Viele mächtige Römer standen dieser neuen Religion misstrauisch gegenüber. Deshalb hielten die meisten frühen Christen ihren Glauben geheim. Sie trafen sich in Privathäusern und benutzten geheime Erkennungzeichen. In Rom versammelten sich die Christen

Auf diesem Porträt einer frühchristlichen Familie ist über dem Kopf des Kindes ein christliches Symbol abgebildet, das Christusmonogramm.

in den Katakomben – einem unterirdischen, durch Gänge verbundenen Gräbersystem. Durch diese Heimlichkeiten entstanden aber nur die unglaublichsten Geschichten über diese geheimnisvollen Christen und ihre seltsamen Zeremonien.

Die Wände der Katakomben wurden mit biblischen Szenen bemalt.

BESTRAFUNG UND VERFOLGUNG

Weil die Christen nur an einen Gott glaubten, weigerten sie sich den Kaiser oder die Staatsgötter anzubeten und einige Kaiser hielten sie deshalb für Unruhestifter.

Kaiser Nero machte seine christlichen Untertanen für den Brand Roms im Jahr 64 verantwortlich und war der Meinung, dass sie die Götter erzürnt hatten. Deshalb ließ er hunderte von Christen in die Arena werfen, wo sie von wilden Tieren zerfleischt wurden.

Auch andere Kaiser ließen Christen ins Gefängnis werfen, foltern oder töten, aber unter Kaiser Diokletian kam es zur grausamsten Christenverfolgung. Ab dem Jahr 303 ließ er tausende von Christen hinrichten, weil sie an ihrem Glauben festhielten.

Eine Gruppe von Christen wird in der Arena von wilden Tieren angegriffen.

KONSTANTIN UND DIE CHRISTEN

312 schlug Konstantin seinen Thronrivalen, Maxentius, in der Schlacht an der Milvischen Brücke und wurde Herrscher über den Westen. Der Legende nach hatte Konstantin vor dieser Schlacht in einer Vision ein helles Kreuz am Himmel gesehen, das er für ein Zeichen Christi hielt.

Unter Kaiser Konstantin konnten sich die Christen zum ersten Mal öffentlich zu ihrem Glauben bekennen. Er betraute Christen mit wichtigen Ämtern, finanzierte Kirchenbauten und sorgte dafür, dass seine neue Hauptstadt, Konstantinopel, eine christliche Stadt wurde. Schließlich ließ er sich auf dem Totenbett taufen.

Teil einer Kolossalstatue Kaiser Konstantins, die ursprünglich über 15 m hoch war

DIE VERBREITUNG DES CHRISTENTUMS

Etwa 25 Jahre nach Konstantins Tod versuchte Kaiser Julian Apostata die Verehrung der Staatsgötter wieder einzuführen, aber die Verbreitung des Christentums war nicht mehr aufzuhalten. Nach Julian Apostata unterstützten alle Kaiser den christlichen Glauben und im Jahr 391 erklärte Kaiser Theodosius das Christentum zur offiziellen Staatsreligion des Römischen Reiches.

BISCHÖFE UND PÄPSTE

Bis zum Ende des 4. Jhs. n. Chr. waren die Leiter der christlichen Kirche – die Bischöfe – sehr mächtig geworden. Sie ließen prächtige Kirchen und Kathedralen errichten und entsandten Missionare, die die christliche Lehre verbreiten sollten. Einer der wichtigsten Bischöfe war der Bischof von Rom, der Papst. Und während die Kaiser immer mehr an Macht verloren, wurden die Päpste immer einflussreicher.

Dieses goldene Kreuz war das Geschenk eines römischen Kaisers an einen der frühen Päpste.

EREMITEN UND MÖNCHE

Einige der ersten Christen flohen vor der Verfolgung in die Wüste, wo sie als Eremiten lebten und ein gottergebenes Leben führten. Später gründeten diese Eremiten die ersten Klöster.

Viele dieser Klöster wurden Orte der Gelehrsamkeit, wo Mönche die Kunst des Schreibens pflegten, während das Römische Imperium um sie herum zerfiel.

Die Tiere wurden lange nicht gefüttert, damit sie richtig hungrig waren.

Die Christen gingen tapfer in den Tod, sie sangen und beteten gemeinsam.

REICHSTEILUNG UND VÖLKERWANDERUNG

Bereits seit dem 2. Jahrhundert waren Germanen immer wieder von Nordosten gegen das Römische Reich vorgedrungen. Die Römer bezeichneten die germanischen Stämme als „Barbaren" und verteidigten ihre Grenzen standhaft. Im Jahr 370 fielen aber die gefürchteten Hunnen von Zentralasien nach Westen ein, sodass germanische Stämme ebenfalls nach Westen gedrängt oder unterworfen wurden.

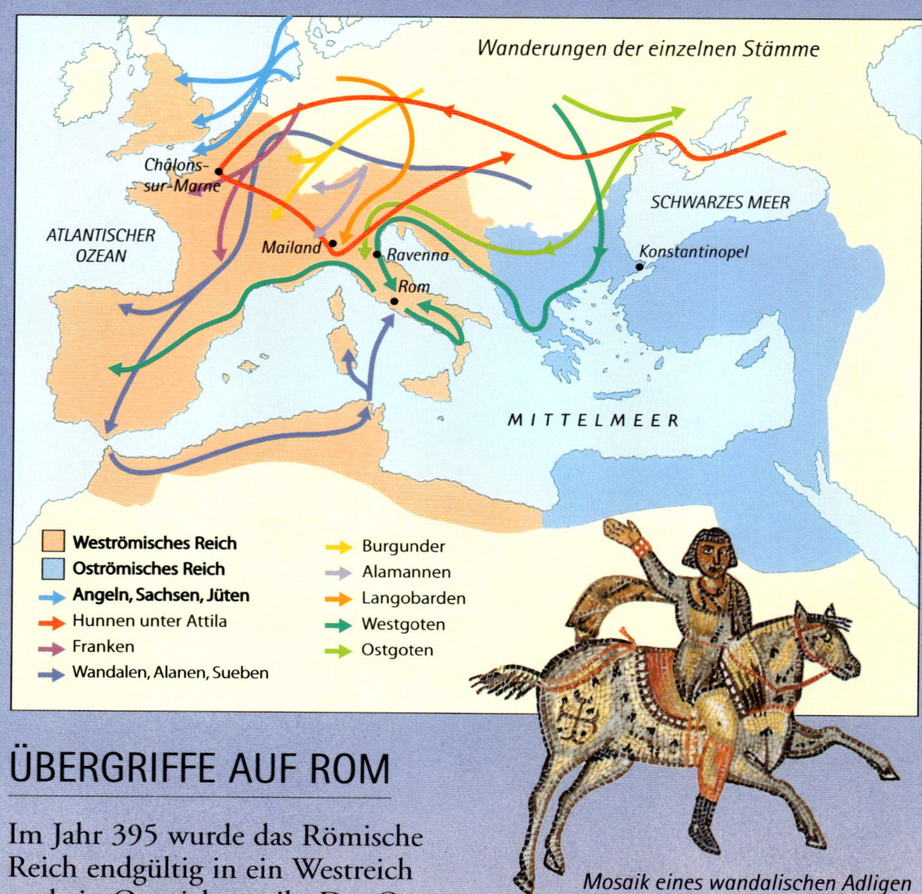

Mosaik eines wandalischen Adligen

ANSIEDLUNG DER GERMANEN

Einige germanische Stämme wie zum Beispiel die Westgoten durften sich im Römischen Reich ansiedeln. Im Gegenzug mussten die Siedler das Imperium aber gegen die Übergriffe anderer Stämme verteidigen. Viele Germanen kämpften in der römischen Armee, allerdings unter ihren eigenen Befehlshabern, und manchmal lehnten sich germanische Stämme auch wieder gegen die Römer auf.

Diese Adlerfibel wurde von ostgotischen Goldschmieden angefertigt und stammt wohl aus dem 5. oder 6. Jh.

ÜBERGRIFFE AUF ROM

Im Jahr 395 wurde das Römische Reich endgültig in ein Westreich und ein Ostreich geteilt. Das Oströmische Reich blieb von Angriffen verschont, während das Weströmische Reich bald von Germanen und Hunnen überrannt wurde. 401 überfiel eine Armee von Westgoten unter der Führung ihres Königs Alarich die Stadt Mailand. Kaiser Honorius, dessen Palast in Mailand stand, floh in die Stadt Ravenna, die er zu seiner neuen Kaiserresidenz machte.

410 fiel Alarich mit seinem Heer wieder in Italien ein und besetzte Rom. Drei Tage lang zogen die Westgoten plündernd durch die Straßen der Stadt. Die Römer hatten eine entscheidende Niederlage erlitten.

WANDERBEWEGUNGEN ANDERER STÄMME

Während Alarich in Italien einfiel, strömten Horden von Wandalen, Quaden, Sueben, Alanen und Burgundern nach Germanien und Gallien. 409 drangen die Wandalen nach Spanien vor und 20 Jahre später setzten sie nach Nordafrika über, eine der reichsten Regionen des Römischen Reiches. Dort errichteten sie unter ihrem König Geiserich ein unabhängiges Wandalenreich.

ATTILA, DER HUNNENKÖNIG

Einer der gefährlichsten Feinde des
Römischen Reiches war Attila, der
Hunnenkönig. Bei sei-
nem Marsch durch
Gallien tötete er
tausende von
Menschen.
451 errangen
die Römer
ihren letzten
großen Sieg. Gemeinsam mit
den Germanen schlugen sie
die Hunnen in der Schlacht
auf den Katalaunischen
Feldern bei Châlons-
sur-Marne.

*Hunnische Bogenschützen
konnten ihre Gegner aus
einer Entfernung von 100 m
niederstrecken.*

DAS ENDE DES WEST-
RÖMISCHEN REICHS

Im Jahr 455 fielen die Wandalen
unter Geiserich in Italien ein und
plünderten zwölf Tage lang die
Stadt Rom. Die Lage im Weströmischen Reich wurde immer
dramatischer. Mächtige germanische Heermeister traten zunehmend an die Spitze der römischen
Armee, während die Kaiser in
Ravenna zusehends hilfloser
wurden. 476 kam es zum Ende
Westroms, als der germanische
Heerführer Odoaker den letzten
Kaiser, Romulus Augustulus, absetzte und verbannte. Odoaker
wurde von seinen Truppen zum
König ausgerufen. Damit
war das Weströmische
Reich untergegangen.

GERMANISCHE
KÖNIGREICHE

Auf dem Gebiet des Weströmischen Reiches entstanden nun
viele kleinere germanische König-
reiche. In den meisten dieser
Reiche versuchten die Menschen
ihren römischen Lebensstil beizu-
behalten. Die einst so prächtigen
öffentlichen Gebäude zerfielen
aber bald und auch die römische
Lebensart geriet in Vergessenheit.

DAS OSTRÖMISCHE
REICH

Während das Weströmische
Reich 476 unterging, bestand
das Oströmische Reich noch
ein Jahrtausend lang weiter.
Hier wurden in der Armee,
in der Gesetzgebung und der
Regierung viele römische
Traditionen bewahrt. Das
Ostreich wird auch als Byzantinisches Reich bezeichnet,
weil die Hauptstadt des Ost-
römischen Reiches, Konstantinopel, ursprünglich Byzanz
hieß.

Im 6. Jahrhundert befand sich
das Byzantinische Reich auf
seinem Höhepunkt.
Kaiser Justinian I.
eroberte viele

*Diese Münze zeigt
Kaiser Justinian I.*

Gebiete des ehe-
maligen Weströmi-
schen Reiches zurück.
Er förderte Handel und Gelehrsamkeit und ließ in der Stadt
Konstantinopel überaus prachtvolle Kirchen errichten, wie zum
Beispiel die unten abgebildete
Hagia Sophia, die Krönungskirche
der byzantinischen Kaiser.

*Rekonstruktionszeichnung eines
Teils Konstantinopels zur Zeit
Justinians I. mit Blick auf die
Hagia Sophia*

DAS ERBE ROMS

Obwohl das Weströmische Reich 476 zusammenbrach, beeinflussten die Traditionen, die Gedankenwelt und die Erfindungen der Römer auch weiterhin das Leben der Menschen. Die katholische Kirche pflegte viele römische Traditionen, die Verfassungen und Regierungsformen vieler Länder beruhen auf Gesetzen aus der römischen Antike und römische Gebäude wurden überall kopiert.

DIE RÖMISCH-KATHOLISCHE KIRCHE

Nach dem Untergang des Weströmischen Reiches stand der Bischof von Rom, der Papst, auch weiterhin an der Spitze der katholischen Kirche im Westen. Gottesdienste wurden in lateinischer Sprache abgehalten und das Wissen der Römer wurde von christlichen Mönchen bewahrt.

Mönche kopierten lateinische Texte und versahen die Handschriften mit Buchmalereien und Miniaturen.

ANTIKE FESTE

Viele christliche Bräuche gehen auf Feste der römischen Antike zurück. Einige Elemente des christlichen Weihnachtsfestes finden sich zum Beispiel auch im Saturnalienfest, dem Hauptfest des römischen Kalenders im Dezember, bei dem es ein großes Festmahl gab und die Menschen lustige Spiele spielten und sich beschenkten.

KAISER UND PRÄSIDENTEN

Im Laufe der Geschichte haben Herrscher immer wieder versucht nach dem Vorbild des Römischen Reiches ähnlich glanzvolle Reiche zu gründen. 800 wurde Karl der Große, der König der Franken, römischer Kaiser und 962 krönte der Papst den deutschen König Otto den Großen in Rom zum Kaiser des Heiligen Römischen Reiches Deutscher Nation, das bis 1806 bestand.

Kaiserwappen des Heiligen Römischen Reiches Deutscher Nation

Porträt des französischen Kaisers Napoleon I. mit einer Goldkrone in der Form eines Lorbeerkranzes, des römischen Siegessymbols

Der deutsche Titel „Kaiser" und der russische Titel „Zar" sind aus dem römischen Wort „Cäsar" entstanden. Im 19. Jh. wollte Napoleon I. wie ein römischer Kaiser über Frankreich herrschen und in den 30er-Jahren des 20. Jhs. versuchte der italienische Diktator Mussolini ein neues Römisches Reich zu begründen.

Manche Menschen nahmen sich aber nicht die römische Kaiserzeit, sondern die römische Republik zum Vorbild. Im 18. Jh. sahen die Republikaner in Frankreich und Amerika in der römischen Republik ein leuchtendes Beispiel für einen Staat ohne Monarchen. In Amerika gibt es noch heute einen Senat und Senatoren – eine Einrichtung, die auf das Vorbild des römischen Senats zur Zeit der Republik zurückgeht.

RECHT UND GESETZ

In den meisten römischen Gerichten wurden Rechtsstreitigkeiten vor einem Richter und Geschworenen verhandelt – und auch heute noch gibt es in vielen Ländern Schwur- oder Geschworenengerichte. Römische Rechtsanwälte verfassten große Gesetzessammlungen, auf denen die Gesetze vieler heutiger Länder basieren.

LEBEN WIE DIE RÖMER

Nach dem Zusammenbruch des Römischen Reiches ließ man die römischen Gebäude, Straßen und Wasserleitungssysteme zunächst immer mehr verfallen, aber seit dem 15. Jh. interessierte man sich wieder für die Architektur der Römer und neue Gebäude wurden nach römischem Vorbild errichtet.

Heute gibt es in vielen Städten auf der ganzen Welt prächtige öffentliche Gebäude im römischen Stil und auch unsere Wasser- und Abwassersysteme sind mit denen römischer Ingenieure vergleichbar. Heute wohnen die Menschen in Häusern mit Zentralheizung, sie essen in Fastfood-Restaurants und entspannen sich in öffentlichen Schwimmbädern – genau wie die Römer vor 2000 Jahren.

Der Arc de Triomphe in Paris aus dem 19. Jh. ist einem römischen Triumphbogen nachempfunden.

EINE TOTE SPRACHE?

Die Römer hatten einen enormen Einfluss auf viele unserer heutigen Sprachen. Italienisch, Französisch, Spanisch, Portugiesisch und Rumänisch sind aus dem Lateinischen hervorgegangen. Und selbst im Englischen und Deutschen, die nicht zu den romanischen Sprachen gehören, gibt es sehr viele Lehnwörter lateinischen Ursprungs.

In der Wissenschaft tragen alle Pflanzen lateinische Namen wie z. B. diese Fuchsia fulgens.

BUCHSTABEN UND ZAHLEN

Von den 26 Buchstaben unseres Alphabets finden sich bereits 22 im römischen Alphabet. Die Römer kannten kein W und auch kein Y. I und J wurden beide als I geschrieben, während der Buchstabe V sowohl U als auch V bedeuten konnte. Die meisten römischen Buchstaben und Zahlen waren aus geraden Linien zusammengesetzt, die man leicht in Stein meißeln konnte.

Lateinische Inschriften findet man auch auf römischen Grabsteinen. Auf diesem hier schaffte es der Bildhauer nicht, den Namen „Rinnio Novicio" in eine Zeile zu meißeln.

Unsere heutigen Zahlen basieren auf arabischen Ziffern, die viel einfacher zu verwenden sind als römische. Heute findet man römische Ziffern noch häufig auf Uhrenziffernblättern. (Mehr über römische Ziffern erfahrt ihr auf Seite 107.)

24-Stunden-Uhr aus Stein mit eingemeißelten römischen Ziffern

LATEIN IM DEUTSCHEN

Latein gehört heute zwar nicht mehr zu den gesprochenen Sprachen, aber dennoch ist es nicht in Vergessenheit geraten. Wissenschaftler auf der ganzen Welt bezeichnen Pflanzen und Tiere noch heute mit ihren lateinischen Namen und auch in den Schulen wird noch Latein unterrichtet.

Und auch wir benutzen manchmal lateinische Fremdwörter, wie zum Beispiel „et cetera" (und so weiter) oder „in puncto" (hinsichtlich). Es gibt auch viele Lehnwörter, die auf dem Lateinischen beruhen, wie zum Beispiel Fenster, das aus dem lateinischen „fenestra" entstand oder Pforte, lateinisch „porta".

KALENDER UND PLANETEN

Unser Kalendersystem basiert auf dem römischen Kalender (siehe Seite 106). Einige unserer Monate sind nach römischen Göttern benannt wie zum Beispiel der März (nach dem Gott Mars) und der Juni (nach der Göttin Juno), während die Namensgeber für die Monate Juli und August Julius Cäsar und Kaiser Augustus waren. Auch die Planeten Jupiter, Venus, Mars, Merkur und Saturn sind nach römischen Göttern benannt.

ANHANG

Leptis Magna in Nordafrika:
Ruinen des römischen Theaters aus
dem 1. Jh. n. Chr.

ROM – GESTERN UND HEUTE

Auf dieser Doppelseite erfahrt ihr, welche modernen Staaten auf dem Gebiet des ehemaligen Römischen Reiches entstanden sind und wo ihr heute römische Sehenswürdigkeiten besichtigen könnt. Außerdem findet ihr eine Liste der wichtigsten römischen Kaiser.

DIE NACHFOLGESTAATEN

Zur Zeit seiner größten Ausdehnung im Jahr 117 n. Chr. erstreckte sich das Römische Reich über einen Großteil Europas sowie bis nach Afrika und Asien. Heute befinden sich auf diesem Gebiet 40 verschiedene Länder.

RÖMISCHE SEHENSWÜRDIGKEITEN

Hier findet ihr eine kleine Auswahl interessanter Sehenswürdigkeiten, die ihr heute noch besichtigen könnt:

ITALIEN
Herculaneum
Ostia
Piazza Armerina
Pompeji
Ravenna
Rom
Tivoli
Verona

FRANKREICH
Arles
Glanum
Nîmes
Orange
Vienne

DEUTSCHLAND
Aalen
Hechingen-Stein

Kalkriese
Kempten
Osterburken
Regensburg
Saalburg
Trier
Xanten

SPANIEN
Alcántara
Italica
Segovia

GROSSBRITANNIEN
Bath
Hadrianswall

TUNESIEN
Thugga
El-Djem

KROATIEN
Split

TÜRKEI
Aphrodisias
Ephesus
Side

SYRIEN
Palmyra

JORDANIEN
Jerash

ALGERIEN
Djemila
Timgad

LIBYEN
Leptis Magna

Karte heutiger Staaten auf dem Gebiet des ehemaligen Römischen Reiches

Das Römische Reich zur Zeit seiner größten Ausdehnung

Diese römische Thermenanlage in Leptis Magna an der libyschen Küste ist unter den Sanddünen fast vollkommen erhalten geblieben.

RÖMISCHE KAISER

In dieser Liste sind die meisten römischen Kaiser aufgeführt. Einige wenige Kaiser, die selbst die Macht ergriffen und nur sehr kurz regierten, sind hier nicht erwähnt. Manche Kaiser ernannten einen Mitkaiser. Kaiser, die zeitgleich mit anderen Kaisern regierten, sind mit einem Sternchen (*) gekennzeichnet.

27 v. Chr.–14 n. Chr.	Augustus
14–37	Tiberius
37–41	Gajus (Caligula)
41–54	Claudius
54–68	Nero
68–69	Galba
69	Otho
69	Vitellius
69–79	Vespasian
79–81	Titus
81–96	Domitian
96–98	Nerva
98–117	Trajan
117–138	Hadrian
138–161	Antoninus Pius
161–180	*Mark Aurel
161–169	*Lucius Verus
180–192	Commodus
193	Pertinax
193	*Didius Julianus
193–194	*Pescennius Niger
193–211	*Septimius Severus
193–197	*Clodius Albinus

209–212	*Geta
211–217	*Caracalla
217–218	*Macrinus
218–222	*Elagabal
222–235	Severus Alexander
235–238	Maximinus Thrax
238	*Gordian I.
238	*Gordian II.
238	*Balbinus
238	*Pupienus
238–244	Gordian III.
244–249	Philippus Arabs
249–251	Decius
251–253	*Trebonianus Gallus
251–253	*Volusianus
253–260	*Valerian
253–268	*Gallienus
268–270	Claudius II.
270–275	Aurelian
275–276	Tacitus
276	*Florianus
276–282	*Probus
282–283	Carus
283–285	*Carinus
283–284	*Numerianus
284–286	Diokletian

WESTREICH		OSTREICH	
286–305	Maximian	286–305	Diokletian
305–306	Constantius I.	305–311	*Galerius
306–307	*Severus II.		
306–312	*Maxentius	310–313	*Maximinus II.
307–324	*Konstantin I.	308–324	*Licinius
324–337	Konstantin I. *(Osten und Westen)*		
337–340	*Konstantin II.		
337–350	*Constans		
350–353	Magnentius	337–353	Constantius II.
353–361	*Constantius II. *(Osten und Westen)*		
361–363	*Julian Apostata *(Osten und Westen)*		
363–364	Jovian *(Osten und Westen)*		
364	Valentinian I. *(Osten und Westen)*		
364–375	*Valentinian I.	364–378	Valens
367–383	*Gratian		
375–392	*Valentinian II.	379–395	Theodosius I.
392–394	Eugenius		
394–395	Theodosius I. *(Osten und Westen)*		
395–423	Honorius	395–408	*Arcadius
423–425	Johannes	408–450	*Theodosius II.
425–455	Valentinian III.	450–457	Markian
455–456	Avitus		
457–461	Majorian	457–474	*Leon I.
461–465	Libius Severus		
465–467	*kaiserlose Zeit*		
467–472	*Anthemius	474	*Leon II.
472	*Olybrius	474–475	Zenon
473–474	Glycerius	475–476	Basiliskos
474–475	Julius Nepos	476–491	Zenon
475–476	Romulus Augustulus	491–518	Anastasios I.
		518–527	Justin I.
		527–565	Justinian I.

DER AUFBAU DER ARMEE

Der Aufbau der römischen Armee veränderte sich im Lauf der Jahrhunderte. Auf dieser Doppelseite erfahrt ihr, wie die Armee in der Republik und auch später in der Kaiserzeit strukturiert war. Außerdem lernt ihr verschiedene Arten von Soldaten und Schlachtformationen kennen.

ZUR ZEIT DER REPUBLIK

Zu Beginn der Republik war die Armee sehr einfach strukturiert. Die Soldaten waren in Gruppen von je 60–80 Mann unterteilt, in so genannte Zenturien. Als die Armee mit der Zeit größer wurde, gab es auch wesentlich größere Einheiten: die Legionen, die aus etwa 4500 Mann bestanden. Jede Legion war in 30 Manipel mit je 120 Mann unterteilt (= zwei Zenturien).

DIE ARMEE ZUR KAISERZEIT

Zur Kaiserzeit befand sich die Heeresorganisation auf ihrem Höhepunkt. Die Armee war enorm erfolgreich, weil jede Legion aus vielen kleinen, hochdisziplinierten Einheiten bestand.

Diese Zeichnung zeigt den Aufbau einer Legion zur Kaiserzeit.

CONTUBERNIUM (8 MANN)

Eine Einheit von acht Soldaten wurde als *Contubernium* bezeichnet. Die Mitglieder eines *Contuberniums* teilten sich auf dem Marsch gemeinsam ein Zelt und in den befestigten Lagern die Stube.

ZENTURIE (80 MANN)

Zehn *Contubernia* (80 Mann) ergaben eine Zenturie, die zur Zeit der Republik ursprünglich aus 100 Mann bestanden hatte. Diese neue, kleinere Zenturie war leichter zu befehligen und im Kampf besser einsetzbar. Jede Zenturie wurde von einem Zenturio befehligt.

KOHORTE (480 MANN)

Eine Kohorte bestand normalerweise aus sechs Zenturien (480 Mann), aber die erste Kohorte jeder Legion, in der die Elitesoldaten einer Legion kämpften, besaß zehn Zenturien (800 Mann).

LEGION (6000 MANN)

Eine Legion bestand aus zehn Kohorten. Neun verfügten über die normale Kohortenstärke und eine über 800 Mann. Diese zehn Kohorten ergaben zusammen über 5000 Soldaten. Zusätzlich dazu gehörten zu jeder Legion noch über 100 berittene Kuriere sowie Bauarbeiter, Ingenieure, Ärzte und ein Katapultbauer. Die römische Armee verfügte insgesamt über 25 bis 35 Legionen – die genaue Anzahl veränderte sich im Lauf der Zeit immer wieder.

SOLDATENTYPEN

Zur Zeit des Kaiserreiches gab es viele verschiedene Soldatentypen. Nachfolgend werden einige der häufigsten Arten beschrieben.

Legat – *ein erfahrener Offizier, der eine Legion befehligte, ein Legionskommandant*

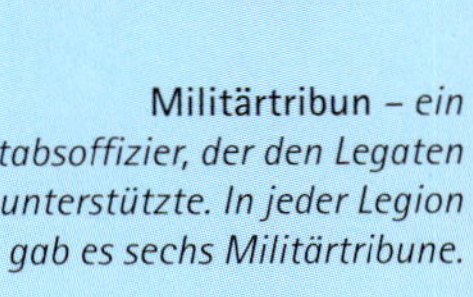

Militärtribun – *ein Stabsoffizier, der den Legaten unterstützte. In jeder Legion gab es sechs Militärtribune.*

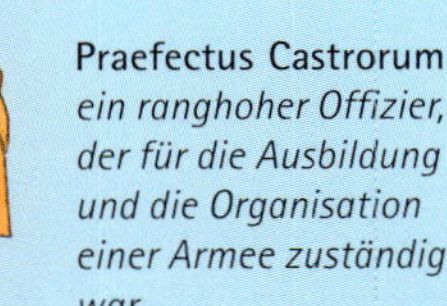

Praefectus Castrorum – *ein ranghoher Offizier, der für die Ausbildung und die Organisation einer Armee zuständig war*

Primipilus – *der ranghöchste Zenturio einer Legion*

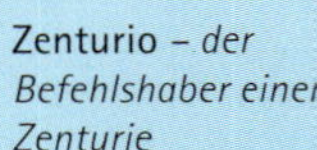

Zenturio – *der Befehlshaber einer Zenturie*

Neun Kohorten mit regulärer Kohortenstärke (je 480 Mann)

Erste Kohorte (800 Mann)

Contubernium (8 Mann)

Zenturie (80 Mann)

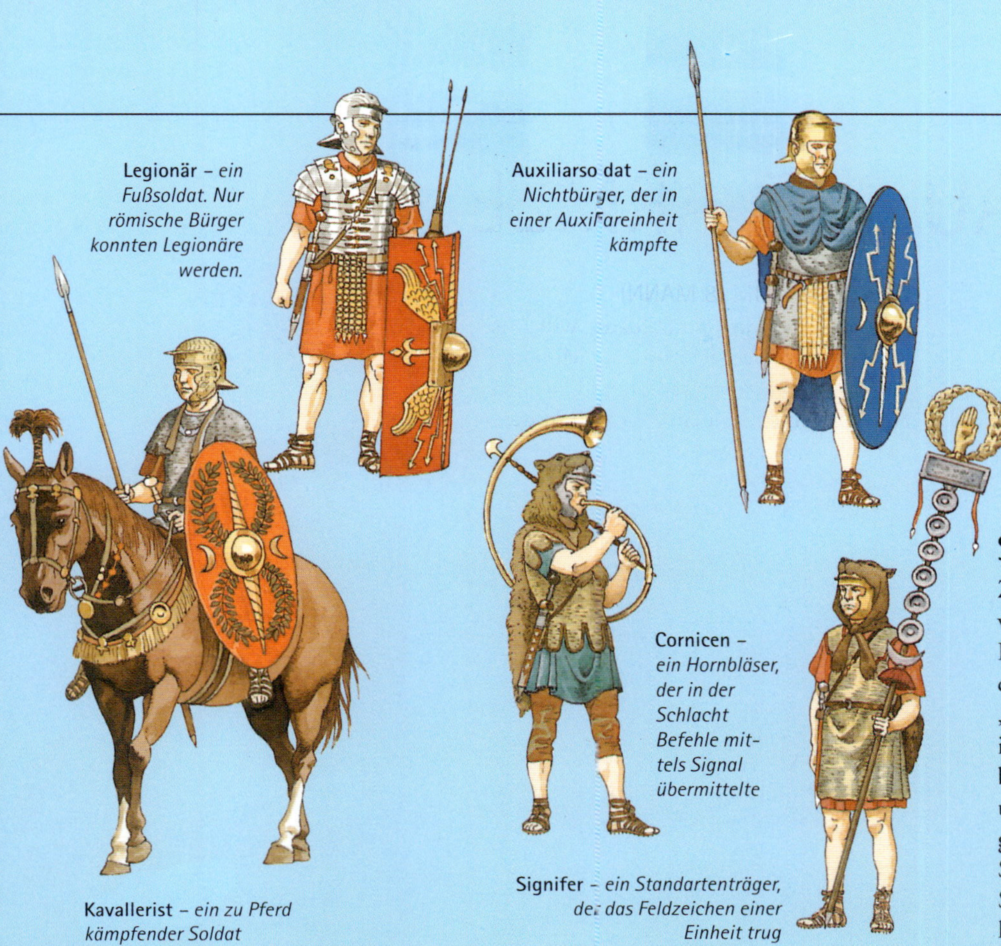

Legionär – *ein Fußsoldat. Nur römische Bürger konnten Legionäre werden.*

Auxiliarsoldat – *ein Nichtbürger, der in einer Auxiliareinheit kämpfte*

Kavallerist – *ein zu Pferd kämpfender Soldat*

Cornicen – *ein Hornbläser, der in der Schlacht Befehle mittels Signal übermittelte*

Signifer – *ein Standartenträger, der das Feldzeichen einer Einheit trug*

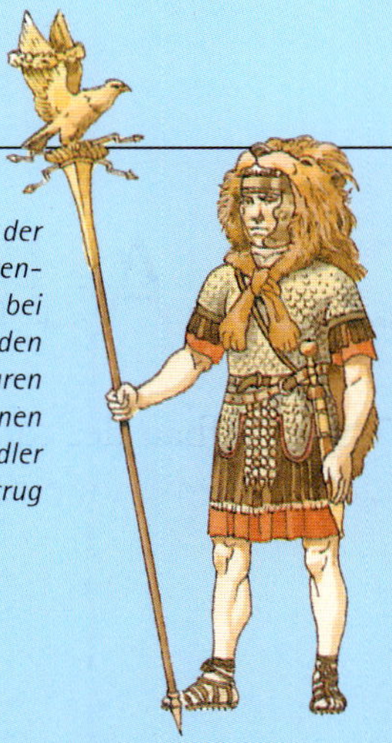

Aquilifer – *der Standartenträger, der bei Feldzügen den kostbaren goldenen Legionsadler trug*

SCHILDKRÖTENPANZER

Zur Kaiserzeit rückten Gruppen von Soldaten in einer geschickten Formation gegen den Feind vor, in der so genannten *Testudo* oder „Schildkröte". Die Soldaten hielten ihre Schilde dicht aneinander und bildeten dadurch über ihren Köpfen und an den Seiten der Truppe ein geschlossenes Schutzschild, eine Art Schildkrötenpanzer. So waren sie vor Speeren und Pfeilen geschützt und konnten sich dem Feind nähern.

Römische Soldaten bilden mit ihren Schilden eine Testudo, eine Schutzformation.

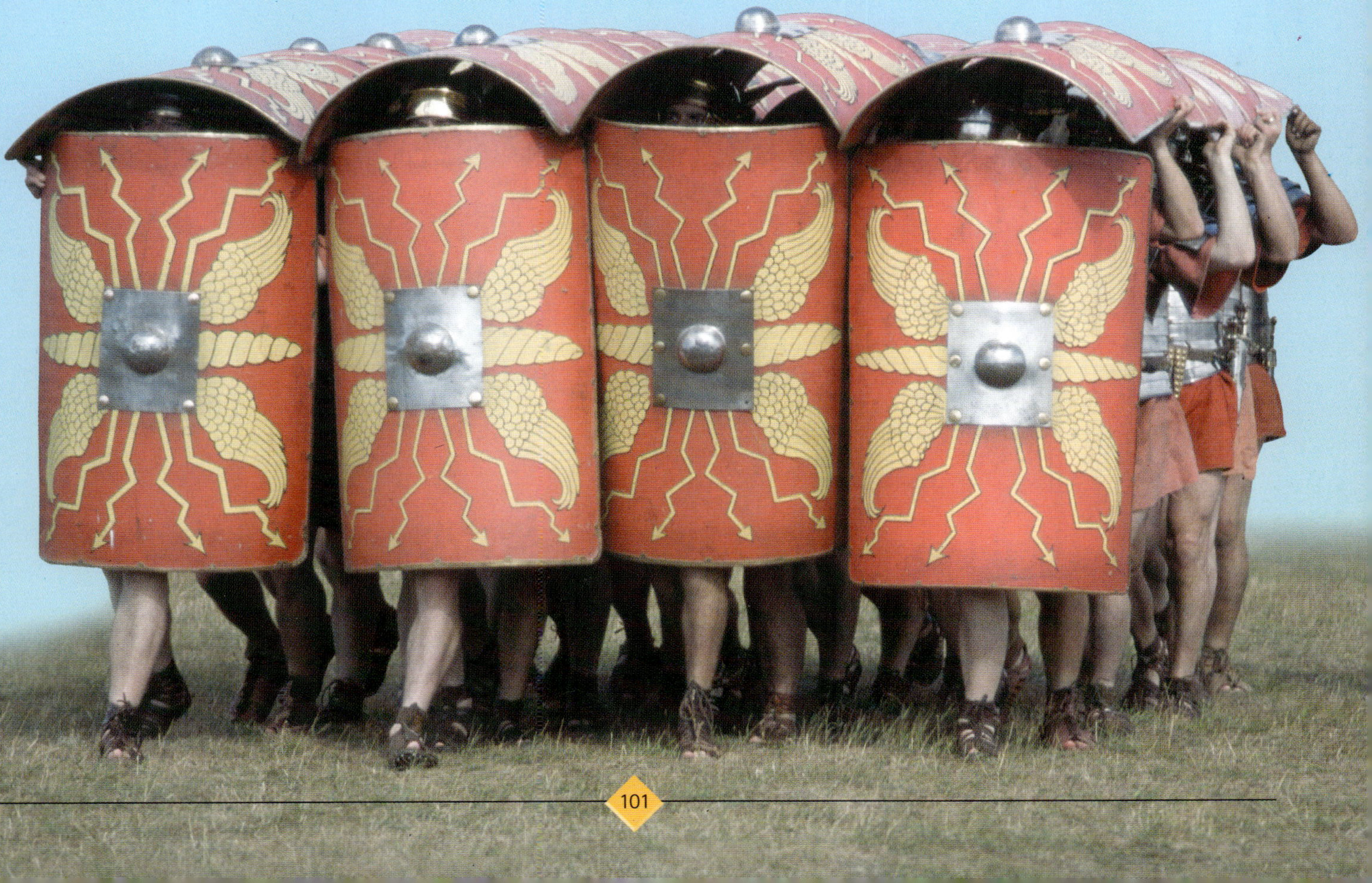

GÖTTER, GÖTTINNEN UND FESTE

Die Römer beteten zu dutzenden von Göttern und feierten über 100 Feste im Jahr. Hier findet ihr eine Liste römischer Götter und Göttinnen und eine kurze Beschreibung der wichtigsten römischen Feste.

GÖTTER UND GÖTTINNEN

Die meisten ihrer Götter hatten die Römer von den Griechen übernommen. Sie sind in dieser Liste der wichtigsten römischen Götter und Göttinnen in Klammern aufgeführt.

Apollo (Apollo) – Gott des Lichts, der Musik, Heilkunst und Weissagung

Bacchus (Dionysos) – Gott des Weines

Ceres (Demeter) – Göttin des Ackerbaus und der Ernte

Cupido (Eros) – Gott der Liebe

Diana (Artemis) – Göttin des Mondes und der Jagd

Dis (Pluto) – Gott der Unterwelt

Flora – römische Göttin der Blumen und des Frühlings

Fortuna (Tyche) – Göttin des Glücks

Janus – römischer Gott der Tore und Durchgänge und Brücken

Juno (Hera) – Königin der Götter, Schutzgöttin der Frauen und der Geburt

Jupiter (Zeus) – König der Götter, Gott des Himmels, der Blitze und Donner

Mars (Ares) – Gott des Krieges

Merkur (Hermes) – Götterbote, Gott des Handels und der Diebe

Minerva (Athena) – Göttin der Wissenschaft und Weisheit, des Handwerks und des Krieges

Neptun (Poseidon) – Gott des Meeres

Roma – Göttin der Stadt Rom

Saturn (Chronos) – Gott des Ackerbaus

Venus (Aphrodite) – Göttin der Liebe und Schönheit

Vesta (Hestia) – Göttin des Herdes und des Herdfeuers

Vulcanus (Hephaistos) – Gott des Feuers, der Schmiede und Handwerker

Dieses römische Fresko zeigt die römische Göttin Flora beim Blumenpflücken.

RÖMISCHE FESTE

Hier findet ihr einige der wichtigsten Feste des römischen Festkalenders. Die Bezeichnungen und Daten der jeweiligen Feste sind angegeben, wenn sie bekannt sind.

1. Januar
Seit 153 v. Chr. begann das römische Jahr am 1. Januar. An diesem Tag wurden dem Gott Jupiter Stieropfer dargebracht. Man dankte ihm damit für seinen Schutz im zurückliegenden Jahr. Außerdem übernahmen zwei neue Konsuln die Führung des Senats.

Anfang Januar – *Compitalia*
Auf dem Land brachten Bauern Tieropfer dar, um ihre Güter für das kommende Jahr zu reinigen. In den Städten brachten die Menschen an Kreuzungen Opfer dar und feierten drei Tage lang.

13.–21. Februar – *Parentalia*
Die Römer brachten Blumen, Milch und Wein zu den Gräbern ihrer verstorbenen Eltern. Damit wollten sie verhindern, dass die Toten Hunger bekamen und ins Diesseits zurückkehrten und die Lebenden verfolgten.

15. Februar – *Lupercalia*
Gruppen junger Männer, die nur mit einem Schurz aus Ziegenfell bekleidet waren, liefen um den Palatin in Rom. Beim Laufen schlugen sie mit Riemen aus dem Fell der geopferten Ziege in die Menge. Damals glaubte man, wenn sie mit ihrem Riemen eine Frau trafen, dann würde diese Frau bald schwanger werden.

22. Februar – *Caristia*
Familien kamen zu einem Festmahl zusammen und feierten gemeinsam das Ende der *Parentalia*.

1. März
Ursprünglich begann das römische Jahr am 1. März. An diesem Tag erneuerten die Vestalinnen das ewige Feuer im Tempel der Vesta in Rom. An diesem Tag begannen auch die rituellen Tänze der Priester. Zwölf junge Priester tanzten 19 Tage lang mit heiligen Schilden durch Rom und wurden jeden Abend in einem anderen Haus festlich bewirtet.

15. März – *Anna Perenna*
Zu Ehren der Anna Perenna, der Göttin des Jahresanfangs und Jahresendes, machten die Menschen am Tiberufer ein Picknick. Einige Römer glaubten, dass sie noch so viele Jahre lebten, wie sie Becher Wein trinken konnten.

23. März – *Tubilustrium*
Zu Ehren des Kriegsgottes Mars wurden die heiligen Kriegstrompeten feierlich gereinigt. Von dieser Zeremonie versprach man sich Erfolg in der Schlacht.

4.–10. April – *Ludi megalenses*
Zu Ehren der Mater Magna, der vorderasiatischen Muttergöttin Kybele, wurden Spiele abgehalten.

12.–19. April – *Ludi ceriales*
Zu Ehren der Göttin Ceres, der Göttin des Ackerbaus und der Ernte, wurden Spiele veranstaltet.

21. April – *Parilia*
Die *Parilia* begannen als Hirtenfest auf dem Land, bei dem alle Schafe gereinigt wurden. Später entwickelte sich daraus das Fest zum Gründungstag der Stadt Rom. Die Menschen in Rom warfen Opfergaben in ein Strohfeuer und sprangen durch die Flammen. Den Ausklang bildete ein großes Fest im Freien.

28. April – 3. Mai – *Floralia*
Dieses Fest zu Ehren der Göttin Flora, der Göttin des Frühlings, war auch als *Ludi florales* bekannt. Tische wurden hoch mit Blumen aufgetürmt und die Menschen trugen Kränze und Girlanden und Tänze wurden aufgeführt.

9. Juni – *Vestalia*
An diesem Tag gingen verheiratete Frauen in den Tempel der Vesta in Rom und brachten der Göttin Speiseopfer dar. Die *Vestalia* waren ein Feiertag für Bäcker, weil die Vestalinnen aus gesalzenem Mehl ein spezielles Opferbrot backten und an das Volk verteilten.

24. Juni – *Fors Fortuna*
Dieses Fest war ein wichtiger Feiertag in Rom. Am Morgen ruderten die Menschen den Tiber hinunter, um den Opfern für die Göttin Fortuna beizuwohnen, die der Göttin an ihren Altären unweit Roms dargebracht wurde. Den restlichen Tag verbrachte man im Freien mit Essen und Trinken.

6.–13. Juli – *Ludi apollinares*
Zur Zeit der Republik gab es an diesem Tag Zeremonien zu Ehren des Gottes Apollo. Zur Kaiserzeit verband man damit aber nur noch Theateraufführungen, Spiele und Rennen.

13. August
Am Festtag der Diana, der Göttin der Jagd, hatten Sklaven den Tag frei und Frauen wuschen sich traditionell ihr Haar.

5.–19. September – *Ludi romani*
An diesem 15-tägigen Fest zu Ehren des Jupiters wurden Spiele, Rennen und Theateraufführungen veranstaltet. Am 13. September opferte man vor dem Jupitertempel eine Kuh und es gab ein großes Festmahl. Bekleidete Statuen Jupiters, Junos und Minervas wurden auf Liegen platziert, damit sie am Fest teilnehmen konnten.

4.–17. November – *Ludi plebeii*
Während dieses 13-tägigen Festes zu Ehren Jupiters gingen die Menschen zu Theateraufführungen, Spielen und Rennen. Am 13. November wurde für Senatoren und Magistrate ein Bankett gegeben.

Anfang Dezember – *Die Riten der Bona Dea*
Zum Kult zu Ehren der Bona Dea, der „guten Göttin" und Schutzgöttin der Frauen, waren nur Frauen zugelassen. Männer waren von diesen geheimen Zeremonien ausgeschlossen, zu denen möglicherweise auch Wein, Musik und Tanz gehörten und in deren Verlauf bestimmte heilige Objekte verehrt wurden.

17. Dezember – *Saturnalia*
Anfangs dauerte das Saturnalienfest nur einen Tag, aber später wurde es auf ungefähr eine Woche ausgedehnt. Das Fest begann mit einem Opfer im Tempel des Saturn, dem Gott des Ackerbaus. Die Menschen spielten Spiele, machten sich Geschenke und Sklaven und Herren vertauschten einen Tag lang ihre Rollen.

RÖMISCHE SAGEN

Heute stützen sich Historiker nur auf Fakten. Römische Historiker wie z. B. Livius, ließen in ihre Werke auch viele Sagen einfließen, die zum Selbstverständnis der Römer beitrugen. Und auch römische Dichter wie Vergil ließen sich von antiken Erzählungen inspirieren. Auf dieser Doppelseite findet ihr einige Sagen, die von der Frühzeit der römischen Geschichte handeln.

TARPEJA, DIE VERRÄTERIN

Als Romulus König von Rom war, entführten die Römer die benachbarten Sabinerinnen (siehe Seite 12). Die Sabiner wollten sich dafür an den Römern rächen. Rom war allerdings sehr gut befestigt und die Sabiner mussten sich etwas einfallen lassen. Der am stärksten befestigte Ort war die Burg auf dem steilen, felsigen Kapitolshügel.

Der Befehlshaber dieser Burg hatte aber eine Tochter namens Tarpeja, die in einen jungen Sabiner verliebt war. Tarpeja erklärte sich bereit eine Burgpforte zu öffnen und die Sabiner hereinzulassen. Aber die Sabiner fanden Tarpejas Verrat an Rom – mit dem sie ihnen ja geholfen hatte – so verachtenswert, dass sie beim Betreten der Burg ihre Schilde über sie warfen und sie zu Tode traten. Seit dieser Zeit wurden Verräter in Rom von einem hohen und steilen Abhang des Kapitols in den Tod gestürzt. Diesen Abhang bezeichnete man nach der Verräterin Tarpeja als den Tarpejischen Felsen.

NUMA UND DIE NYMPHE

Numa – der zweite König Roms – war für seine Weisheit berühmt. Tatsächlich halfen ihm aber manchmal die Götter. Der König hatte sich in Egeria verliebt – eine der Nymphen, die der Göttin Diana dienten. Die beiden Liebenden trafen sich auf den bewaldeten Hängen der Albaner Berge südöstlich von Rom.

Wenn Numa nicht mehr weiterwusste, ging er zu Egeria, um sich mit ihr zu beraten und den Willen der Götter herauszufinden. Als Numa starb, war Egeria zutiefst betrübt. Da sie als Nymphe unsterblich war, konnte sie ihm nie in den Tod folgen. Sie vergoss so viele Tränen, dass sie sich in einen Bach verwandelte, der sich von den Albaner Bergen hinab in den Albaner See ergoss.

DIE SIBYLLINISCHEN BÜCHER

In der Antike gab es in Italien mehrere Prophetinnen, die als Sibyllen bezeichnet wurden. Man glaubte, dass die Götter durch sie sprachen, dass die Sibyllen also weissagen und den Menschen bei ihren Problemen helfen konnten. Die berühmteste dieser Prophetinnen war die Sibylle von Kumä.

Die Legende besagt, dass die Sibylle von Kumä eines Tages zu Tarquinius Superbus ging – dem letzten König Roms – und ihm zwölf prophetische Bücher, die von der Zukunft Roms handelten, zum Kauf anbot. Tarquinius fand den Preis zu hoch und lehnte ab. Darauf verbrannte die Sibylle vor seinen Augen drei der Bücher und bot ihm die verbleibenden neun Bücher an – zum selben Preis. Das wiederholte sich noch zwei Mal.

Schließlich war Tarquinius so neugierig geworden, dass er die drei verbliebenen Bücher kaufte – und zwar zum ursprünglichen Preis. Bei diesen Büchern handelte es sich um die berühmten sibyllinischen Bücher, die in Krisenzeiten von vielen künftigen Generationen immer wieder zu Rate gezogen wurden.

MUCIUS, DER LINKSHÄNDER

Nachdem Tarquinius Superbus aus Rom vertrieben worden war, willigte Porsenna – der etruskische König von Clusium – ein ihm wieder auf den Thron zu verhelfen. Das Etruskerheer marschierte gegen Rom, wurde aber von dem römischen Helden Horatius Cocles zurückgehalten (siehe Seite 14). Da die Etrusker Rom nun nicht einnehmen konnten, beschlossen sie die Stadt stattdessen zu belagern.

Ein junger römischer Adliger namens Gajus Mucius wollte Rom retten. Er schwamm durch den Tiber und schlich sich in das Etruskerlager, wo er König Porsenna töten wollte. Irrtümlich erstach er aber dessen Schreiber, der neben dem König saß. Als er von den Leibwachen des Königs ergriffen wurde, deutete er an, dass er nicht alleine sei und ihm noch viele unerschrockene Männer folgen würden.

Porsenna war wütend und wollte Mucius bei lebendigem Leibe verbrennen lassen, wenn er ihm nicht genau erklärte, was es mit dieser Andeutung auf sich hatte. Als Beweis für seine Unerschrockenheit hielt Mucius seine rechte Hand ins Feuer. Porsenna war aber vom Mut des Mucius so beeindruckt, dass er ihn am Leben ließ und mit den Römern Frieden schloss. Seit dieser Zeit nannte man diesen jungen Adligen Mucius Scävola – „Mucius, den Linkshänder".

DIE GESCHICHTE DES CORIOLANUS

In der Frühzeit der Republik befand sich Rom mit den Volskern, einem italischen Bergvolk, im Krieg. Eines Tages griff die römische Armee die Volskerstadt Corioli an und schloss sie ein.

Während die Römer Corioli noch immer belagerten, wurden sie plötzlich im Rücken von einer anderen Armee der Volsker angegriffen. Im selben Augenblick öffneten sich die Tore Coriolis und eine Gruppe volskischer Soldaten stürmte gegen die Römer, die sich nun an zwei Fronten verteidigen mussten. Die Lage war ernst.

Ein junger römischer Soldat namens Gnäus Marcius hatte aber zu dieser Zeit Wache. Marcius kämpfte sich immer weiter nach vorne, gelangte schließlich durch die offenen Tore Coriolis in die Stadt und legte dort ein Feuer. Als die Volsker die Flammen sahen, dachten sie, ihre Stadt sei bereits eingenommen und ihr Angriff scheiterte. Die Römer gewannen die Schlacht und eroberten Corioli. Für diese heldenhafte Tat erhielt Gnäus Marcius den Ehrennamen „Coriolanus".

VERGILS ÄNEIS

Die Äneis – ein Epos des Dichters Vergil
in zwölf Gesängen – ist eines der berühmtesten Werke der römischen
Literatur. Es erzählt die Geschichte des
legendären trojanischen Helden Äneas,
von seiner Flucht aus der brennenden
Stadt Troja und seinen Irrfahrten auf der
Suche nach einer neuen Heimat. Dort
sollte er ein neues Volk begründen – die
Römer –, die über die Welt herrschen
und Frieden und Wohlstand bringen
würden. Im Folgenden wird die
Handlung der Äneis kurz beschrieben.

DIDO UND ÄNEAS

Nachdem Äneas und seine trojanischen
Gefährten aus Troja geflüchtet waren,
erlitten sie an der Nordküste Afrikas
unweit der Stadt Karthago Schiffbruch.
Dort wurde sie von der karthagischen
Königin Dido freundlich empfangen.
Als Äneas ihr vom Fall Trojas und seiner
Suche nach einer neuen Heimat erzählte,
verliebte sie sich Hals über Kopf in ihn.
Die beiden verbrachten einige glückliche
Monate miteinander, bis der Gott Jupiter
Äneas durch den Götterboten Merkur
anwies seine Reise fortzusetzen.

Dido war zu Tode betrübt. Und sobald
Äneas weg war, ließ sie sich das Schwert
bringen, das er ihr geschenkt hatte, und
erstach sich damit. Sterbend verfluchte
sie Äneas und sagte voraus, dass zwischen
seinen Nachkommen und Karthago
ewige Feindschaft herrschen werde. Von
seinem Schiff aus konnte Äneas noch die
Flammen des Scheiterhaufens sehen, auf
dem man ihren Leichnam verbrannte.

ÄNEAS IN DER UNTERWELT

Äneas erreichte schließlich die Küste
Italiens und suchte die Sibylle von
Kumä auf. Er fragte sie nach dem Weg
in die Unterwelt, weil er dort seinen
verstorbenen Vater über die Zukunft
befragen wollte. Sie trug ihm auf einen
goldenen Zweig zu suchen, den er der
Proserpina, der Königin der Unterwelt –
als Geschenk mitbringen sollte. Mit
Hilfe seiner Mutter – der Göttin Venus –
fand Äneas den Zweig und eilte damit
zurück zur Sibylle.

Dann führte die Sibylle Äneas in die
Unterwelt hinab. Dort stießen sie auf
Charon, den Fährmann, der die Seelen
der Toten über den Styx, den Grenzfluss

der Unterwelt, brachte. Als er den
goldenen Zweig sah, willigte Charon ein,
Äneas und die Sibylle ans andere Ufer
überzusetzen. Dort angekommen, trafen
sie auf den dreiköpfigen Hund Zerberus,
der das Tor zur Unterwelt bewachte und
dessen drei Köpfe von Schlangen bedeckt
waren. Die Sibylle setzte dem Hund
einen mit Honig und Kräutern getränk-
ten Brocken vor, den er gierig verschlang.
Zerberus fiel in einen tiefen Schlaf und
Äneas und die Sybille konnten ihre Reise
fortsetzen.

Schließlich kamen sie zu den Elysischen
Feldern – einem paradiesischen Ort, an
dem die Seelen der Guten ewig lebten.
Dort traf Äneas seinen verstorbenen
Vater, der ihm einen Blick in die Zukunft gewährte und ihm die bedeutenden Personen zeigte, die das Geschick
Roms entscheidend lenken würden. Be-
flügelt von diesem Blick in die Zukunft,
folgte Äneas der Sibylle zurück in die
Welt der Lebenden.

ÄNEAS IN ITALIEN

Äneas gesellte sich wieder zu seinen
Gefährten und gemeinsam segelten sie
die Küste Italiens hinauf. Als sie an der
Mündung des Tibers von Bord gingen,
wusste Äneas, dass sie am Ziel ihrer Reise
angekommen waren.
Zuerst wurden die Troer von der einhei-
mischen Bevölkerung – den Latinern –
freundlich aufgenommen, aber schon
bald brach ein langer und erbitterter
Krieg aus. Äneas tötete schließlich den
Rutulerkönig Turnus, den Befehlshaber
der latinischen Armee, in einem Zwei-
kampf und beendete damit den Krieg.
Die Troer und die Latiner verschmolzen
zu einem Volk und Äneas heiratete
Lavinia, die Tochter des latinischen
Königs Latinus. Einer ihrer Nachfahren
– Romulus – gründete später die Stadt
Rom (siehe Seite 11).

*Dieses Mosaik zeigt Vergil
bei der Niederschrift
der Äneis. Zu seiner
Rechten und Linken
stehen zwei Musen
(Göttinnen des
Wissens), die ihn zu
seinem Werk
inspirierten.*

ZEITRECHNUNG UND ZAHLEN

Unser heutiger Kalender basiert auf dem römischen Kalender. Auf dieser Doppelseite erfahrt ihr, wie die Römer ihre Wochen und Monate bezeichneten, wie sie ein Datum berechneten und die Zeit bestimmten. Außerdem lernt ihr, welche Zahlen sich hinter römischen Ziffern verbergen.

DER RÖMISCHE KALENDER

Nach der römischen Überlieferung unterteilte Romulus – der Begründer und erste König der Stadt Rom – das römische Jahr in zehn Monate:

Martius	Monat des Gottes Mars
Aprilis	Ursprung ungewiss
Maius	Monat der Maia, der Mutter Merkurs
Junius	Monat der Göttin Juno
Quintilis	fünfter Monat
Sextilis	sechster Monat
September	siebter Monat
October	achter Monat
November	neunter Monat
December	zehnter Monat

Dieses Kalendersystem ergab aber nur 304 Tage, sodass König Numa später zwei zusätzliche Monate hinzufügte, die Monate Januarius (den Monat des Gottes Janus) und Februarius (den Monat der Reinigung). Außerdem begann das neue Jahr ab 153 v. Chr. nicht mehr am 1. März, sondern am 1. Januar. Aber selbst mit zwei zusätzlichen Monaten war das römische Jahr mit seinen 355 Tagen immer noch zu kurz. Die Römer mussten also noch weitere Tage einfügen, damit sie ein zuverlässiges Kalendersystem erhielten.

DER JULIANISCHE KALENDER

In den Jahren 46 und 45 v. Chr. reformierte Julius Cäsar den römischen Kalender. Er ordnete an, dass jedes Jahr 365 Tage haben und alle vier Jahre ein zusätzlicher Tag, ein Schalttag, eingefügt werden sollte. Julius Cäsars vereinfachtes Kalendersystem wird auch als julianischer Kalender bezeichnet.

Unter der Herrschaft des Kaisers Augustus wurden die Monate *Quintilis* und *Sextilis* in Julius und Augustus umbenannt, nach Julius Cäsar und Kaiser Augustus.

RÖMISCHE DATUMSBEZEICHNUNGEN

In jedem Monat gab es bestimmte Fixtage, die Kalenden, Iden und Nonen, deren Datum immer feststand. Anhand dieser Tage wurde dann das genaue Datum berechnet. Diese Fixtage waren:
• Die Kalenden *(Kalendae)* – der erste Tag jedes Monats
• Die Iden *(Idus)* – der 15. Tag im März, Mai, Juli und Oktober und der 13. Tag aller anderen Monate
• Die Nonen *(Nonae)* – der siebte Tag im März, Mai, Juli und Oktober und der fünfte Tag aller anderen Monate.
Wenn man ein bestimmtes Datum errechnen wollte, zählte man von den Kalenden, Iden oder Nonen rückwärts.

RÖMISCHES DATUM			HEUTIGES DATUM
V Kalendae Maius	=	fünf Tage vor dem 1. Mai	= 25. April
II Nonae October	=	zwei Tage vor dem 7. Oktober	= 5. Oktober

Julius Cäsar wurde am 15. März ermordet, an den Iden des März.

WOCHENTAGE

Während eines Großteils der römischen Geschichte gab es im römischen Kalender keine Wocheneinteilung, wie wir sie heute kennen. Es gab jedoch alle acht Tage einen Markttag. 321 n. Chr. führte Kaiser Konstantin dann eine neue 7-tägige Woche ein, die mit dem Sonntag begann.

Die Römer hielten die Sonne und den Mond für Planeten und glaubten, dass es insgesamt sieben Planeten gab. Diese Planeten waren nach römischen Göttern und Göttinnen benannt und die Wochentage wurden nach diesen sieben Planeten benannt:

Sonntag	*dies Solis*	(Tag der Sonne)
Montag	*dies Lunae*	(Tag des Mondes)
Dienstag	*dies Martis*	(Tag des Mars)
Mittwoch	*dies Mercurii*	(Tag des Merkur)
Donnerstag	*dies Jovis*	(Tag des Jupiter)
Freitag	*dies Veneris*	(Tag der Venus)
Samstag	*dies Saturni*	(Tag des Saturn)

ZEITMESSUNG

Die frühen Römer wussten noch nicht, wie man die Uhrzeit genau berechnen konnte, und richteten sich deshalb nach dem Stand der Sonne am Himmel. Während des Tages gab es nur drei Fixpunkte – Sonnenaufgang und Sonnenuntergang und dazwischen die Mittagszeit. Anhand des Mittags – *meridies* genannt – unterteilten die Römer den Tag in zwei Hälften. Der Vormittag wurde als *ante meridiem* (a. m.) bezeichnet und der Nachmittag als *post meridiem* (p. m.).

Sonnenuhren wurden auf öffentlichen Plätzen aufgestellt, damit die Menschen wussten, wie spät es ist.

Ab Mitte des 3. Jhs. v. Chr. benutzten die Römer Sonnenuhren zur Berechnung der Uhrzeit. Jeder Tag dauerte bis Sonnenuntergang und wurde in zwölf Stunden unterteilt, wobei der Mittag am Ende der sechsten Stunde stand. Die Römer kannten noch keine Minuten, und weil es im Verlauf eines Jahres immer unterschiedlich lang hell ist, war eine Sommerstunde viel länger als eine Winterstunde. Auch die Nacht wurde in zwölf Stunden unterteilt und Sommernächte waren wesentlich kürzer als Winternächte.

Die Römer benannten den Freitag, den „dies Veneris", nach dem Planeten Venus.

RÖMISCHE ZAHLEN

Römische Zahlen bestehen aus einer Kombination der Buchstaben I, V, X, L, C, D und M. Sie sind logisch aufgebaut, sodass man nur addieren und subtrahieren muss. Die römische Zahl für 4 ist z. B. IV, was bedeutet, dass man von 5 (V) 1 (I) abziehen muss. Die römische Zahl für 7 ist VII. Man muss also zu 5 (V) 2 (II) hinzuzählen. Indem man die Zahlen so niederschrieb, konnten viele Zahlenreihen extrem lang werden. Für die Zahl 78 brauchte man z. B. sieben Buchstaben:

$$\underbrace{LX}_{50} + \underbrace{XX}_{20} + \underbrace{V}_{5} + \underbrace{III}_{3} = 78$$

Arabische Ziffern und ihre römischen Entsprechungen					
1	I	11	XI	25	XXV
2	II	12	XII	50	L
3	III	13	XIII	75	LXXV
4	IV	14	XIV	100	C
5	V	15	XV	200	CC
6	VI	16	XVI	500	D
7	VII	17	XVII	700	DCC
8	VIII	18	XVIII	1000	M
9	IX	19	XIX	1500	MD
10	X	20	XX	2000	MM

GELDWESEN

Auf dieser Seite erfahrt ihr mehr über das römische Münz- und Bankwesen und ihr lernt die unterschiedlichen Gewichte und Maßeinheiten der Römer kennen.

MÜNZEN DER REPUBLIK

In der Frühzeit der Republik benutzten die Menschen noch kein Geld. Es herrschte Tauschhandel, eine Ware oder Dienstleistung wurde gegen etwas anderes getauscht. Als die Römer wohlhabender wurden und auch der Handel zunahm, brauchten sie ein exakteres Zahlungsmittel. Das erste Geld war das *Aes rude*, das aus ungleichmäßigen Kupferbrocken bestand. Später übernahmen die Römer von den Griechen das Münzgeld. Die erste römische Münzstätte entstand um 290 v. Chr.

MÜNZEN DER KAISERZEIT

Als Augustus im Jahr 27 v. Chr. Kaiser wurde, verfügte er, dass Gold- und Silbermünzen nur in Rom geprägt werden durften, während die weniger wertvollen Bronze- und Kupfermünzen auch weiterhin in den Provinzen hergestellt werden konnten. Im Lauf der Zeit konnte man schließlich überall im gesamten Kaiserreich mit ein und denselben Münzen bezahlen.

BANKIERS UND GELDVERLEIHER

Zur Kaiserzeit gab es im Römischen Reich ein riesiges und weit verzweigtes Handelsnetz. Händler, die für ihre Geschäftsgründung Geld benötigten, konnten ein Darlehen aufnehmen. Neben staatlichen Kreditinstituten gab es auch private Geldverleiher, die durch ihre Geschäfte enorm reich wurden. Manche Menschen verschuldeten sich so sehr, dass sie ihr Darlehen nicht mehr zurückzahlen konnten. Oft wurden dann ihre Häuser gepfändet oder sie wurden sogar als Sklaven verkauft.

Die gebräuchlichsten römischen Münzen:

Aureus: *Gold – die wertvollste römische Münze*

Denarius: *Silber – 25 Denarius ergaben einen Aureus.*

Sestertius: *erst Silber, später Bronze –* vier *Sestertius ergaben einen Denarius.*

Dupondius: *Bronze –* zwei *Dupondius ergaben einen Sestertius.*

As: *Bronze, Kupfer –* zwei *As ergaben einen Dupondius.*

Semis: *Bronze –* zwei *Semis ergaben einen As.*

Quadrans: *Kupfer, Bronze –* vier *Quadrans ergaben einen As.*

WÄHRUNGSVERFALL

Zur Kaiserzeit stiegen die Preise immer mehr an, sodass die Münzen immer weniger wert wurden. Daraufhin wurden neue Münzen geprägt, die einen höheren Nennwert hatten. Da Edelmetalle aber sehr teuer waren, hatten viele neue Münzen einen Kupferkern, der mit einer Gold- oder Silberschicht überzogen war. Diese Münzen nannte man *Subaerati* („gefütterte Münzen"). Und da es zusätzlich auch noch viele Falschmünzen gab, misstrauten viele Menschen dem römischen Münzgeld mit der Zeit. Gegen Ende der Kaiserzeit bezahlten manche Römer überhaupt nicht mehr mit Münzen, sondern kehrten zum Tauschhandel zurück.

MÜNZBILDER

Wenn die Römer den Menschen im Kaiserreich eine bestimmte Botschaft übermitteln wollten, dann mussten sie ihre Münzen nur mit einem entsprechenden Münzbild versehen. Zur Kaiserzeit trug die Vorderseite jeder Münze meist ein Porträt eines Kaisers und zur Bekanntmachung wichtiger Siege wurden spezielle Münzserien geprägt. Wurde ein unbeliebter Kaiser ermordet, dann wurde sein Porträt auf den Münzen unkenntlich gemacht oder sie wurden aus dem Umlauf genommen.

MASSE UND GEWICHTE

Die häufigsten Maße und Gewichte waren: Die *Libra* bildete die Grundlage aller römischen Gewichtseinheiten und entsprach ungefähr 335 g.

Der *Pes* war ein Längenmaß und entsprach ungefähr 30 cm. Pes ist die lateinische Bezeichnung für „Fuß".

Der *Passus* („Doppelschritt") war eine größere Längeneinheit und entsprach ungefähr 1,5 m.

Das *Jugerum* war ein Flächenmaß und entsprach ungefähr 2 530 m². Es basierte auf der Größe einer Feldfläche, die man an einem Tag mit einem Ochsengespann umpflügen konnte.

Der *Modius* war die größte Hohlmaßeinheit, mit der trockene Waren wie Salz und Getreide abgemessen wurden und entsprach ungefähr 9 l.

RÖMISCHES RECHT

Das Recht wurde im Lauf der römischen Geschichte immer wieder verändert. Auf dieser Seite erfahrt ihr mehr über das Rechtssystem.

DAS ZWÖLFTAFELGESETZ

450 v. Chr. wurde eine große Gesetzessammlung – das so genannte Zwölftafelgesetz – veröffentlicht. Diese Rechtsquelle enthielt Gesetze zum Erbrecht, Sachenrecht sowie zu vielen anderen Aspekten des täglichen Lebens. Im Zwölftafelgesetz fand sich zum Beispiel auch das Verbot von Ehen zwischen Patriziern und Plebejern oder das Recht der Väter, über Leben und Tod ihrer Kinder zu entscheiden. Das Zwölftafelgesetz bildete die Grundlage des römischen Rechtssystems.

WÄHREND DER REPUBLIK

Zur Zeit der Republik wurden Gesetze vom Senat und von der Volksversammlung erlassen (siehe Seite 21). Diese Gesetze waren oft sehr allgemein gehalten, sodass die Richter in den jeweiligen Gerichten bei der Auslegung der Gesetze einen großen Spielraum hatten. Im Lauf der Zeit entwickelte sich der Brauch, dass alle Magistrate mit richterlichen Befugnissen bei ihrem Amtsantritt ein so genanntes Magistratsedikt veröffentlichten. In dieser Verordnung erklärten sie, wie sie die bestehenden Gesetze auslegen würden. Beim Verfassen ihrer Edikte stützten sich die neuen Amtsträger in der Regel auf die Verordnungen ihrer Vorgänger. In den Provinzen zogen die Magistrate das einheimische Recht in ihre Edikte mit ein, sodass sich die Verordnungen der einzelnen Provinzen etwas voneinander unterschieden. Ein Kläger, der eine bestimmte Person eines Vergehens beschuldigte, musste den Beschuldigten in ein Gericht vorladen. Wenn sich der Beschuldigte weigerte vor Gericht zu erscheinen, konnte der Kläger Gewalt anwenden, um den Beklagten zur Verhandlung zu bewegen, was oft bereits vor dem Prozess zu Schlägereien führte.

Die Verhandlung fand vor einem Geschworenengericht statt, das aus römischen Bürgern bestand. Die Geschworenen hörten sich die Anschuldigungen des Klägers an und Kläger und Beklagter konnten ihre Argumente vorbringen. Wohlhabende Römer ließen sich vor Gericht von einem Anwalt – einem so genannten *Advocatus* – vertreten. Jeder, dem nachgewiesen werden konnte, dass er vor Gericht gelogen hatte, wurde hingerichtet. Am Ende der Verhandlung entschieden die Geschworenen über Schuld oder Unschuld des Angeklagten. Bei einem Schuldspruch bestimmte der Richter das Strafmaß.

DAS RECHTSSYSTEM DER KAISERZEIT

Zu Beginn der Kaiserzeit wollte Kaiser Augustus genauere Richtlinien festlegen, wie die Gesetze ausgelegt werden sollten. Deshalb befragte er bedeutende Juristen nach ihrer Meinung. Danach gab es in den Provinzen zwar noch immer unterschiedliche Gesetze, aber alle Richter mussten jetzt gemäß der offiziellen Auslegung urteilen und besaßen weniger Spielraum. Die meisten neuen Gesetze wurden vom Kaiser erlassen und waren so genannte Kaiserkonstitutionen. Der Senat konnte zwar noch immer Gesetzesvorschläge einbringen, aber der Kaiser beschloss, ob sie verabschiedet wurden oder nicht.

Auch in den Gerichten selbst kam es während der Kaiserzeit zu Veränderungen. Zu Beginn jeder Verhandlung stellte der Richter fest, ob der Beschuldigte den *Honestiores,* der Oberschicht, oder den *Humiliores,* der Unterschicht, angehörte. Die *Humiliores* waren gewöhnlich ärmer und wurden strenger bestraft, wenn sie für schuldig befunden wurden.

GLEICHES RECHT FÜR ALLE

Im 2. Jh. n. Chr. ließ Kaiser Hadrian alle regionalen Magistratsedikte zusammentragen und daraus eine große Gesetzessammlung, das *Edictum Perpetuum,* erstellen, die für alle römischen Bürger galt. Wenn Bürger in den Provinzen der Meinung waren, dass sie von einem Regionalgericht zu Unrecht verurteilt worden waren, konnten sie bei einer höheren Rechtsinstanz in Rom Berufung einlegen.

NEUE ENTDECKUNGEN

Unser Wissen über den Alltag der Römer wird ständig durch neue Forschungsergebnisse erweitert. Auf dieser Doppelseite berichten wir über einige Entdeckungen, die Archäologen in neuerer Zeit gemacht haben, und ihr erfahrt, welche neuen Technologien heute bei der Erforschung der Antike angewandt werden.

SCHATZKAMMER ZEUGMA

Im Frühjahr 2000 begann ein Archäologenteam einen spektakulären Wettlauf gegen die Zeit. Die Archäologen wollten möglichst viele Überreste einer antiken Römerstadt freilegen, bevor diese in den Fluten eines neuen Stausees unterging.

Die Stadt Zeugma in der heutigen Türkei war eine der reichsten Städte im Osten des Römischen Reiches. Im 3. Jh. n. Chr. wurde sie aber von den Persern zerstört und allmählich unter Erdschichten begraben.

Mit Hilfe von Magnetometern konnte eine Gruppe von Wissenschaftlern den Grundriss der antiken Stadtmauern aufspüren, während ein weiteres Team die unterirdischen Abwasserkanäle erforschte. Die spektakulärste Entdeckung war eine Prachtvilla mit 14 Räumen, in der man herrliche Fresken und großartige Mosaikfußböden fand.

Ein Großteil der antiken Stadt Zeugma liegt heute unter den Fluten des Stausees begraben. Bevor die Archäologen den Grabungsort verlassen mussten, konnten sie die Mosaiken aber noch rechtzeitig Teil für Teil abtragen. Heute können diese Mosaiken wieder sorgfältig zusammengesetzt werden.

NEUE FUNDE IN HERCULANEUM

Als im Jahr 79 n. Chr. in Süditalien der Vesuv ausbrach (siehe Seite 8), wurde neben Pompeji auch die antike Hafenstadt Herculaneum zerstört. Bis vor kurzem konzentrierte man sich in der Archäologie in erster Linie auf Pompeji, aber auch in Herculaneum kam es jetzt zu neuen, spektakulären Funden.

An der Küste Herculaneums wurden die Skelette von 80 Opfern des Vulkanausbruchs freigelegt. Auf Grund der Körperhaltung der Menschen geht man davon aus, dass sie nicht infolge des Ascheregens erstickt sind, wie Experten bisher immer vermutet hatten, sondern dass sie einen plötzlichen Hitzetod starben.

VILLA DEI PAPIRI

1752 fand man in Herculaneum im Inneren der Villa dei papiri eine Bibliothek mit hunderten verbrannter und verkohlter Schriftrollen oder Papyri. Diese Schriftrollen enthielten wichtige philosophische Werke, von denen die meisten aber nicht mehr entziffert werden konnten.

Durch den Einsatz von Kameratechniken, die ursprünglich von der amerikanischen Weltraumbehörde NASA entwickelt wurden, kann man jetzt zwischen dem Schwarz der verkohlten Papyri und dem Schwarz der Tinte unterscheiden. Mit Hilfe dieser Techniken werden Wissenschaftler in Zukunft in der Lage sein, auch andere Schriftrollen zu entziffern und weitere Geheimnisse zu lüften.

SKELETTANALYSEN

Skelettanalysen geben Paläopathologen Aufschluss darüber, an welchen Krankheiten die Menschen der Römerzeit litten. Paläopathologen haben z. B. herausgefunden, dass die Malaria in Norditalien wütete, als die Germanen in das Römische Reich einfielen.

Untersuchungen römischer Skelettfunde aus Großbritannien ergaben, dass einige in Britannien lebende Römer an Gicht litten, einer schmerzhaften Gelenkerkrankung. Paläopathologen vermuten außerdem, dass die Lepra durch römische Soldaten vom Osten nach Westeuropa gebracht wurde.

UNTERWASSERARCHÄOLOGIE

Durch die Erforschung des Meeresbodens wurden viele römische Schiffswracks entdeckt. Unterwasserarchäologen tauchen in die Tiefen des Meeres zu versunkenen Schiffswracks hinab, fotografieren diese und bergen wertvolle Funde.

In den vergangenen 50 Jahren haben Unterwasserarchäologen römische Kriegsschiffe, Handelsschiffe und Lastkähne erforscht und dabei Münzen, Waffen und Möbel vorgefunden, sowie viele hohe Keramikgefäße – so genannte Amphoren –, in denen früher Olivenöl und Wein transportiert wurde. Einige dieser römischen Schiffswracks bargen überaus wertvolle Frachtstücke – Statuen und Säulen, die die siegreiche römische Armee in Griechenland erbeutet hatte.

REKONSTRUKTIONEN

Einige Archäologen versuchen mehr über römische Gebäude und Geräte zu erfahren, indem sie diese rekonstruieren und dabei Originalmaterialen und Originalwerkzeuge verwenden. Einige Wissenschaftler haben zum Beispiel hölzerne Katapulte in Originalgröße nachgebaut, weil sie herausfinden wollten, ob man damit auch Metallbolzen abfeuern konnte.

Andere Archäologen haben Erntemaschinen und anderes landwirtschaftliches Gerät rekonstruiert und ein Team von Wissenschaftlern hat vor kurzem eine römische Therme nachgebaut. Diese Projekte geben uns wichtige Einblicke in die Technik der Antike und zeigen auf, welche Schwierigkeiten römische Ingenieure bei ihrer Arbeit überwinden mussten.

Dieses Foto zeigt einen Taucher mit einer römischen Amphore, die in einem Schiffswrack im Mittelmeer gefunden wurde.

COMPUTERTECHNOLOGIE

Leistungsstarke Computer und das rasante Internet-Wachstum haben die Arbeit der Archäologen in den letzten Jahren in einigen Bereichen enorm verändert. Mit Hilfe des Internets haben heute Experten auf der ganzen Welt schnellen Zugriff auf die Thesen, Erkenntnise und Fotos ihrer Kollegen und sie können die verschiedenen Forschungsergebnisse zu einem vollständigeren Bild der römischen Welt zusammensetzen.

Anhand von Computergrafikprogrammen können Archäologen verblüffende dreidimensionale Bilder von römischen Gebäuden und Städten erstellen. Diese Grafiken, von denen viele auch im Internet zu finden sind, zeigen uns anschaulich, wie diese antiken Orte früher einmal ausgesehen haben könnten.

BERÜHMTE PERSÖNLICHKEITEN

Auf den nächsten Seiten sind die wichtigsten Persönlichkeiten der römischen Geschichte kurz beschrieben. **Fett** gedruckte Namen verweisen auf eine eigene Kurzbiografie.

Agrippina die Jüngere (15–59)
Mutter **Neros**. Agrippina war eine intelligente und ehrgeizige Frau, die ihren Sohn auf seine politische Laufbahn vorbereitete und später die Entscheidungen Kaiser Neros stark beeinflusste. Möglicherweise vergiftete sie sogar ihren Mann, Kaiser **Claudius**, um Nero auf den Thron zu bringen. Als Kaiser Nero der Meinung war, dass Agrippina zu mächtig sei, beschloss er sie ermorden zu lassen. Dreimal entging sie dem Gifttod und auch der Versuch, sie in einem präparierten Schiff ertrinken zu lassen, schlug fehl. Der letzte Mordversuch im Auftrag Neros 59 n. Chr. war schließlich erfolgreich.

Alarich I. (um 370–410)
König der Westgoten, eines germanischen Volksstammes aus Osteuropa. Er diente unter **Theodosius I.** in der römischen Armee, griff aber später Griechenland und Italien an und überfiel Rom im Jahr 410.

Antonius, Markus (82–30 v. Chr.)
Soldat und Politiker. Nach dem Tod **Julius Cäsars** 44 v. Chr. schlug Markus Antonius 42 v. Chr. gemeinsam mit **Oktavian** die Cäsarmörder Brutus und Cassius in der Schlacht bei Philippi. Nach dem Machtkampf mit Oktavian wurde das Römische Reich zwischen den Triumvirn Oktavian, Markus Antonius und Lepidus aufgeteilt. Markus Antonius herrschte zehn Jahre lang über den Osten, wo er zusammen mit der ägyptischen Königin **Kleopatra** lebte. Er wurde 31 v. Chr. in der Seeschlacht bei Aktium von Oktavian besiegt. Kurze Zeit später beginen er und Kleopatra Selbstmord.

Attila (um 406–453)
König der Hunnen, eines kriegerischen Nomadenvolkes aus Zentralasien. Attila, der für seine Grausamkeiten bekannt war, gelangte bis nach Gallien, wo er im Jahre 451 auf den Katalaunischen Feldern von einer gemeinsamen Armee der Römer und Germanen besiegt wurde.

Augustus (63 v. Chr.–14 n. Chr.)
Erster römischer Kaiser von 27 v. Chr. bis 14 n. Chr. Großneffe und Adoptivsohn **Julius Cäsars**. Nach Cäsars Tod kam es zum Machtkampf zwischen Oktavian und **Markus Antonius**, der in der Aufteilung des Römischen Reiches endete. 31. v. Chr. besiegte Oktavian Markus Antonius und **Kleopatra** in der Seeschlacht bei Aktium. Oktavian wurde Alleinherrscher über das Römische Reich und erhielt für seine Leistungen den Ehrentitel „Augustus" (der Erhabene). Er war ein kluger und gerechter Herrscher, der eng mit dem Senat zusammenarbeitete und nach Jahren des Bürgerkrieges für Frieden sorgte. Er erließ Gesetze zu Gunsten der Armen und ließ in Rom viele neue, prächtige Gebäude errichten. Kurz nach seinem Tod wurde er durch Senatsbeschluss zum Gott erklärt.

Boudicca (??–62 n. Chr.)
Königin des in Britannien ansässigen Stammes der Icener. Boudicca führte 60 n. Chr. eine erbitterte Rebellion gegen die Herrschaft der Römer in Britannien an und vergiftete sich, als der Aufstand niedergeschlagen wurde.

Brutus (84–42 v. Chr.)
Soldat und Politiker. Brutus war ein überzeugter Anhänger der römischen Republik und der Anführer der Mordverschwörung gegen **Julius Cäsar** im Jahr 44 v. Chr. Er glaubte, dass Cäsar die Republik abschaffen und sich selbst zum König ausrufen wollte. Brutus wurde in der Schlacht bei Philippi von **Markus Antonius** besiegt und beging Selbstmord.

Cäsar, Julius (ca. 100–44 v. Chr.)
Politiker, Feldherr und Schriftsteller. Cäsar befehligte zwischen 58 und 49 v. Chr. Truppen in Gallien und Illyrien und dehnte den römischen Herrschaftsbereich bis zum Ärmelkanal aus. Über seine Feldzüge berichtete er in seinem aus sieben Büchern bestehenden Werk *De Bello Gallico* (Der Gallische Krieg). Nach Auseinandersetzungen mit **Pompejus** und dem Senat überschritt Cäsar den Rubikon und kehrte mit seiner Armee nach Italien zurück. Nachdem er seine Feinde besiegt hatte, wurde er der mächtigste Mann in Rom und Diktator auf Lebenszeit. Einige Politiker waren besorgt, dass er zu mächtig geworden war, woraufhin er 44 v. Chr. unter der Führung des **Brutus** von einer Gruppe von Senatoren ermordet wurde.

Caligula (12–41)
Römischer Kaiser 37–41. Caligula war für seine grausame Herrschaft bekannt und ist möglicherweise nach einer schweren Erkrankung geisteskrank geworden. Er wuchs im Feldlager auf und erhielt den Beinamen Caligula („Stiefelchen"), weil er schon als Kind Soldatenstiefelchen trug. Sein richtiger Name war Gajus.

Caracalla (188–217)
Römischer Kaiser 211–217. Caracalla hielt feindliche Stämme von den Reichsgrenzen fern. 212 gewährte er allen Freigeborenen des Römischen Reiches das römische Bürgerrecht. Er war ein grausamer und prunksüchtiger Herrscher und wurde von Makrinus, seinem Prätorianerpräfekten, ermordet.

Cato der Ältere (234–149 v. Chr.)
Politiker und Schriftsteller. Cato kämpfte im Zweiten Punischen Krieg und wurde 184 v. Chr. Zensor. Sein Werk *De Agricultura* (Über den Ackerbau) ist die älteste Prosaschrift der römischen Literatur. Darin beschreibt er für ihn sehr wichtige altrömische Tugenden wie Würde und einen einfachen Lebensstil. Sein Werk *Origines* war eine Darstellung der römischen Geschichte von den Anfängen bis zu seiner Zeit.

Catull (ca. 84 v. Chr.–ca. 54 v. Chr.)
Dichter. Catull schrieb Liebesgedichte und verfasste eindrucksvolle Beschreibungen des römischen Lebens. Er war einer der ersten Dichter, der seine Gedichte in Form und Stil an griechische Vorbilder anlehnte. Seine berühmtesten Gedichte schrieb er an seine Geliebte Lesbia.

Cicero (106–43 v. Chr.)
Politiker, Anwalt und Schriftsteller. Cicero
war der beste Redner seiner Zeit und ein
berühmter Rechtsanwalt. Im Jahr 63 v.
Chr. wurde er Konsul. Während seines
Konsulats deckte er die catilinarische
Verschwörung auf und ließ die Anhänger
Catilinas hinrichten, der einen Staats-
streich geplant hatte. Cicero machte sich
unbeliebt, indem er sich öffentlich gegen
einflussreiche Römer aussprach, und er
wurde schließlich von Soldaten des
Markus Antonius ermordet. Sein Prosa-
stil und seine Rhetorik wurden von vielen
Gelehrten auch nach seinem Tod noch
jahrhundertelang nachgeahmt.

Claudius (10 v. Chr.–54 n. Chr.)
Römischer Kaiser 41–54. Nach der
Ermordung seines Neffen **Caligula**
rief die Prätorianergarde Claudius, der
sich im Kaiserpalast versteckt hatte, zum
Kaiser aus. Er war gehbehindert und
stotterte und viele Menschen fanden, dass
er für das Amt des Kaisers nicht intelligent genug war. Er erwies sich aber als
fähiger Herrscher und eroberte 43
den Südosten Britanniens. Claudius war
ein hervorragender Historiker und verfasste Werke zur etruskischen und römischen Geschichte. Möglicherweise wurde
er von seiner Frau **Agrippina** vergiftet.

Clodius (93–52 v. Chr.)
Politiker. Clodius entstammte einer
römischen Patrizierfamilie, wurde jedoch
Plebejer, damit er Volkstribun werden
konnte. Er war der Anführer einer Reihe
von Schlägerbanden. In den Straßen
Roms kam es immer wieder zu Banden-
kämpfen, bis Clodius schließlich im
Kampf mit einer gegnerischen Bande
erschlagen wurde. Die Anhänger des
Clodius brachten seine Leiche zum
Senatsgebäude, das sie als Scheiterhaufen
benutzten und bis auf die Grundmauern
niederbrannten.

Commodus (161–192)
Römischer Kaiser 180–192.
Commodus war der Sohn **Mark Aurels**
und beendete die Markomannenkriege
gegen die Germanen. Er verbrachte die
meiste Zeit seiner Herrschaft in Rom und
führte ein Leben im ausschweifendem
Luxus. Er kämpfte gerne als Gladiator in
der Arena und wurde von seinem Sklaven
Narcissus erwürgt.

Crassus (um 112–53 v. Chr.)
Soldat und Politiker. 71 v. Chr. schlug
Crassus den von Spartakus angeführten

Sklavenaufstand nieder. Crassus bildete
60 v. Chr. zusammen mit **Pompejus** und
Cäsar das 1. Triumvirat und benutzte
seinen enormen Reichtum, um Cäsar an
die Macht zu verhelfen. Er starb im
Kampf gegen die Parther im Osten.

Diokletian (245–313)
Römischer Kaiser 284–305.
Unter Diokletian kam es im Münz- und
Steuerwesen. in der Zivilverwaltung und
der Armee zu grundlegenden Reformen.
Er war der Begründer der Tetrarchie, der
Viererherrschaft. Er selbst regierte zu-
sammen mit einem Unterkaiser die öst-
liche Reichshälfte, während sein Mitkaiser
Maximian mit seinem Unterkaiser über
den Westen herrschte.

Domitian (51–96)
Römischer Kaiser 81–96.
Domitian begann mit dem Bau des Limes
zum Schutz vor den Germanen und ließ
viele römische Gebäude restaurieren.
Er war ein effizienter, aber tyrannischer
Herrscher, der den Senat verachtete und
viele Gruppierungen einschließlich der
Christen und Juden verfolgen ließ. Er
machte sich zunehmend unbeliebt und
seine Frau Domitia ließ ihn schließlich
ermorden.

Gracchus, Gajus (um 160–121 v. Chr.)
Soldat, Politiker und Bruder des **Tiberius
Gracchus.** Gajus Gracchus wurde in den
Jahren 123 und 122 v. Chr. zum Volkstribun gewählt und ist vor allem für die
Einführung eines Korngesetzes bekannt,
demzufolge Getreide an Arme und
Arbeitslose zu niedrigsten Preisen abge-
geben wurde. Gajus unterbreitete den
Vorschlag, dass allen italischen Bundesgenossen das römische Bürgerrecht ge-
währt werden sollte. Gracchus konnte
seine Vorstellungen aber nicht durch-
setzen, es kam zu einem Aufstand in Rom
und er beging 121 v. Chr. Selbstmord.

Gracchus, Tiberius (um 169–133 v. Chr.)
Soldat, Politiker und Bruder des **Gajus
Gracchus.** Tiberius Gracchus kämpfte
im Dritten Punischen Krieg und war an
der Zerstörung Karthagos beteiligt.
133 v. Chr. wurde er zum Volkstribun
gewählt und setzte eine Agrarreform
durch, die besitzlosen Römern Land
zuteilte, das sich Großgrundbesitzer
unrechtmäßig angeeignet hatten. Viele
Senatoren standen Tiberius Gracchus
kritisch gegenüber und eine Gruppe von
Senatoren begann einen Aufstand, in
dessen Verlauf er ermordet wurde.

Hadrian (76–138)
Römischer Kaiser 117–138.
Kaiser Hadrian erkannte, dass das
Römische Reich zu groß geworden war
und gab deshalb einige römische Gebiete
wieder auf. An den Reichsgrenzen ließ er
zum Schutz des Imperiums Militärlager
und ausgedehnte Befestigungsanlagen
errichten wie z. B. den Hadrianswall in
Nordengland. Hadrian war ein äußerst
kultivierter Herrscher, der häufig in
seinen Provinzen umherreiste.

Hannibal (247–182 v. Chr.)
Karthagischer Feldherr. Hannibal war
Oberbefehlshaber der karthagischen
Armee im Zweiten Punischen Krieg.
218 v. Chr. führte er seine Truppen über
die Alpen, marschierte in Italien ein
und besiegte die Römer 217 v. Chr. am
Trasimenischen See und 216 v. Chr. bei
Kannä. 202 v. Chr. wurde er schließlich
von **Scipio** bei Zama in Nordafrika vernichtend geschlagen. Um der römischen
Gefangenschaft zu entgehen, beging er
später Selbstmord.

Horaz (65–8 v. Chr.)
Dichter. Horaz arbeitete als Schreiber
in Rom, bevor er anfing Gedichte zu
verfassen. **Augustus** bot ihm später die
Stelle seines Privatsekretärs an, die Horaz
aber ablehnte. Dennoch schienen die
beiden Männer befreundet gewesen zu
sein. Das berühmteste Werk des Horaz
sind seine *Oden* – kurze Gedichte, in
denen er die Freuden des Essens, des
Weins und des Landlebens preist.

Josephus, Flavius (um 37–100)
Jüdischer Historiker und Feldherr.
66 führte Flavius Josephus einen Aufstand
gegen die Herrschaft der Römer in der
Provinz Judäa an. Als die Rebellion
niedergeschlagen wurde, schloss er sich
den Römern an. Er verfasste einen
berühmten Bericht über diesen Aufstand,
die *Geschichte des Jüdischen Krieges*.

Julian Apostata (332–363)
Römischer Kaiser 360–363. Julian
Apostata wollte fast 50 Jahre nach der
Anerkennung des Christentums die Ver-
ehrung der altrömischen Götter wieder
einführen. Er reduzierte die Zahl seiner
Palastangestellten und verbesserte die
Zivilverwaltung. Seine veralteten religiö-
sen Ansichten machten ihn unbeliebt.

Juvenal (ca. 60–ca. 130)
Dichter. Über das Leben Juvenals weiß
man nur wenig. Seine Gedichte – die

Satiren – sind scharfzüngige Schilderungen der korrupten römischen Gesellschaft. Möglicherweise wurde Juvenal
wegen dieser Gedichte einige Zeit aus
Rom verbannt.

Kleopatra (um 69–30 v. Chr.)
Ägyptische Königin 51–30 v. Chr.
Kleopatra war eine kluge Herrscherin
und die Geliebte zuerst **Julius Cäsars**
und später auch **Markus Antonius.** Sie
verbündete sich mit Markus Antonius
gegen **Oktavian.** Das Paar wurde von
Oktavian aber 31 v. Chr. in der Seeschlacht bei Aktium geschlagen. Kurze
Zeit später nahm sich Kleopatra durch
den Biss einer Giftnatter das Leben.

**Konstantin I. der Große
(um 274–337)**
Römischer Kaiser 307–337.
Konstantin war der erste christliche
Kaiser. Nach dem Sieg über seinen
Rivalen Maxentius in der Schlacht
an der Milvischen Brücke im Jahr 312
regierte er als Alleinherrscher über den
Westteil des Römischen Reiches. Später
herrschte er über den Osten und den
Westen und verlegte die Hauptstadt
nach Byzanz, das er in Konstantinopel
umbenannte. 313 erließ er das Edikt
von Mailand, woraufhin Christen ihre
Religion frei ausüben konnten.

Livia (58 v. Chr.–29 n. Chr.)
Frau des **Augustus.** Livia entstammte
einer der mächtigsten Patrizierfamilien
Roms. Sie war wohlhabend und intelligent und hatte großen Einfluss auf die
Herrschaft Kaiser Augustus. Sie war
52 Jahre lang mit Augustus verheiratet,
aber die Ehe blieb kinderlos. Nach dem
Tod ihres Mannes wurde **Tiberius** –
ihr Sohn aus einer früheren Ehe –
der nächste Kaiser.

Livius (59 v. Chr.–17 n. Chr.)
Historiker. Livius verbrachte über
40 Jahre seines Lebens in Rom mit der
Niederschrift seiner *Ab urbe condita* –
einer umfangreichen Geschichte Roms
von der Gründung Roms bis zum Jahr
9 v. Chr. Dieses Geschichtswerk, das aus
142 Büchern bestand, die abschnittsweise
veröffentlicht wurden, machte ihn reich
und berühmt. Es blieben nur 35 Bücher
erhalten.

Marius (157–86 v. Chr.)
Feldherr und Politiker. Marius gewann
Kriege in Spanien, Afrika und Gallien
und war insgesamt sieben Mal Konsul.

Er ist vor allem für seine Heeresreform
bekannt. 88 v. Chr. kam es zu Auseinandersetzungen zwischen ihm und
Sulla. Der Machtkampf zwischen den
beiden Politikern war eine der Ursachen
des Bürgerkrieges, der zum Untergang
der Republik führte.

Mark Aurel (121–180)
Römischer Kaiser 161–180.
Mark Aurel verbrachte die meiste Zeit
seiner Herrschaft an den Reichsgrenzen,
um dort Übergriffe feindlicher Stämme
abzuwehren. Er war nicht nur ein hervorragender Feldherr, sondern auch
Philosoph. Seine im Feldlager verfassten
„Selbstbetrachtungen" zeigen ihn als
friedliebenden, besonnenen Menschen.

Martial (ca. 40–104)
Dichter. Martial wurde in Spanien geboren, lebte aber viele Jahre in Rom. Seine kurzen Gedichte – die *Epigramme* –
beschreiben Alltagsszenen und einige
schillernde römische Charaktere. Ein
Großteil der Gedichte Martials waren
bittere Satiren, in denen er die Laster der
Menschen anprangerte. An seine Freunde
verfasste er aber auch Gedichte voller
Herzlichkeit.

Nero (37–68)
Römischer Kaiser 54–68. Nero war
anfangs ein guter Herrscher, entwickelte sich später aber zum Tyrannen.
Er ließ seine eigene Frau und seine
Mutter ermorden sowie alle anderen, die
es wagten, sich ihm zu widersetzen. Er
spielte gerne Lyra, sang dazu und nahm
an Wagenrennen teil. Nero ließ sich einen
extravaganten Palast in Rom erbauen,
seine *Domus aurea,* sein Goldenes Haus.
Mit der Zeit entstand das Gerücht, Nero
habe den Brand Roms im Jahr 64 selbst
gelegt, damit er sich diesen neuen Palast
erbauen konnte.

Nerva (ca. 30–98)
Römischer Kaiser 96–98. Nerva war
ein gerechter und friedliebender Herrscher, der nach **Domitians** turbulenter
Herrschaft wieder für Stabilität im
Reich sorgte. Nerva adoptierte und erwählte **Trajan** zum Nachfolger und begann damit die Reihe der Adoptivkaiser.

Odoaker (434–493)
Germanischer Regent des Weströmischen Reiches 476–493. Odoaker war
ein germanischer Feldherr, der den
letzten weströmischen Kaiser, Romulus
Augustulus, im Jahr 476 absetzte und

verbannte und von seinem Heer zum
König ausgerufen wurde.

Oktavian *siehe* **Augustus**

Ovid (43 v. Chr.–18 n. Chr.)
Dichter. Ovid wollte eigentlich
Anwalt werden, brach seine Ausbildung dann aber ab und wurde
Dichter. Er war mit **Horaz** befreundet
und seine Gedichte waren in Rom
sehr beliebt. Im Jahr 8 n. Chr. wurde
er aber von **Augustus** ans Schwarze
Meer verbannt und kehrte nie mehr
nach Rom zurück. Sein berühmtestes
Werk sind die *Metamorphosen* –
15 Gedichtbände, die von Sagen
und Legenden handeln.

Plautus (ca. 254–184 v. Chr.)
Komödiendichter. Plautus hat angeblich über 130 Theaterstücke
geschrieben, von denen aber nur
21 erhalten sind. Diese basieren auf
griechischen Komödien, behandeln
aber auch Aspekte des römischen
Lebens. Sein Werk beeinflusste viele
spätere Dramatiker, so auch William
Shakespeare.

**Plinius der Jüngere
(ca. 61–ca. 113)**
Schriftsteller und Anwalt. Plinius war
zur Regierungszeit **Trajans** Konsul. Er
veröffentlichte zehn Bände von Briefen
zwischen ihm, Trajan, **Tacitus** und
anderen. In diesen Briefen findet sich
auch ein berühmter Augenzeugenbericht
des Vesuvausbruchs im Jahre 79, bei
dem sein Onkel, Plinius der Ältere,
ums Leben kam.

Plutarch (46–126)
Schriftsteller. Plutarch wurde in
Griechenland geboren, lebte aber
später in Rom. In seinen Schriften
behandelte er unterschiedliche Themen
wie die Naturwissenschaft, Literatur
und Philosophie. In seinem bekanntesten
Werk *Bioi paralleloi,* einer Sammlung
von Biografienpaaren, vergleicht er
griechische und römische Soldaten
und Politiker miteinander.

Pompejus (106–48 v. Chr.)
Feldherr und Politiker. Pompejus half
Crassus bei der Niederschlagung des
von Spartakus angeführten Sklavenaufstandes. Er befreite das Mittelmeer
von den Piraten und errang große
militärische Siege in Vorderasien.
60 v. Chr. bildete er mit Crassus und

Cäsar das 1. Triumvirat. Als das
Bündnis auseinander brach, kehrte
Cäsar 49 v. Chr. nach Rom zurück und
übernahm die Macht im Staat. Cäsar
besiegte Pompejus, der nach seiner
Ankunft in Ägypten ermordet wurde.

Poppäa (um 31–65)
Geliebte und spätere Frau **Neros.**
Nero ließ sich von seiner Frau Oktavia
scheiden, damit er Poppäa heiraten
konnte. Poppäa übte einige Zeit
großen Einfluss auf Nero aus, der
ihr aber später angeblich aus Wut
einen tödlichen Fußtritt versetzt
haben soll.

Scipio der Ältere (237–183 v. Chr.)
Feldherr. Scipio erhielt im Zweiten
Punischen Krieg den Oberbefehl im
Kampf gegen die Karthager. 202 v. Chr.
besiegte er den karthagischen Feldherrn
Hannibal in der Schlacht bei Zama in
Nordafrika. Nach seinem Sieg erhielt er
den Beinamen Scipio Africanus.

Seneca (ca. 5 v. Chr.–65 n. Chr.)
Schriftsteller, Philosoph und Anwalt.
Seneca wurde in Spanien geboren,
verbrachte aber die meiste Zeit seines
Lebens in Rom. 49 n. Chr. wurde er
Neros Erzieher und später dessen Berater.
Während der ersten Amtsjahre Kaiser
Neros hatte Seneca großen Einfluss auf
Neros politische Entscheidungen.
65 n. Chr. wurde er aber beschuldigt
an einer Verschwörung gegen Nero be-
teiligt gewesen zu sein und er wurde
zum Selbstmord gezwungen. In seinen
Epistulae morales (Moralische Briefe)
legte er seine Wertvorstellungen und
Glaubensüberzeugungen dar.

Sueton (ca. 69–140)
Historiker. Sueton war zunächst Anwalt,
versah dann aber diverse Ämter unter den
Kaisern **Trajan** und **Hadrian** und einiger
anderer. Sein Buch *Cäsarenleben* ist ein
anschaulicher Bericht über das Leben der
zwölf römischen Kaiser von **Cäsar** bis
Domitian. Er beschrieb nicht nur den
politischen Werdegang der Kaiser, sondern auch viele Einzelheiten wie zum
Beispiel ihr Aussehen, ihren Charakter
und ihre Gewohnheiten.

Sulla (138–78 v. Chr.)
Feldherr und Politiker. Sulla errang die
ersten militärischen Erfolge als Legat des
Marius, der später sein größter Gegner
wurde. Von 88–86 v. Chr. lieferten sich
die beiden Männer einen erbitterten

Machtkampf. Als Marius 86 v. Chr.
starb, übernahm Sulla die Kontrolle
in Rom und ließ sich zum Diktator
ernennen. Er hatte extrem konservative
Ansichten und benutzte seine Stellung,
um die Macht des Senats und der
Patrizier zu erweitern.

Tacitus (ca. 55–ca. 116)
Historiker. Tacitus war Armeeoffizier
und hatte verschiedene hohe politische
Ämter inne, einschließlich dem des
Konsuls. Seine Hauptwerke sind die
Annalen und die *Historien* – in
denen er die Geschichte der Zeit von
Tiberius bis **Domitian** beschreibt.

Terenz (ca. 195–159 v. Chr.)
Komödiendichter. Terenz war ein
freigelassener Sklave. Er schrieb sechs
Komödien, die auf griechischen Vorlagen
basierten. Das römische Publikum fand
die Komödien des Terenz oft langweilig,
sie wurden auch noch in der Kaiserzeit
aufgeführt.

**Theodosius I.
(um 346 bis 395)**
Römischer Kaiser von 379–395.
Theodosius I. ließ einige Germanenstämme im Römischen Reich siedeln, die
im Gegenzug die Reichsgrenzen gegen
andere feindliche Stämme verteidigen
mussten. Theodosius I. herrschte einige
Zeit über das gesamte Römische Reich,
nach seinem Tod wurde das Reich aber
endgültig in Ost- und Westrom aufgeteilt. Unter Theodosius I. wurde das
Christentum zur offiziellen Staatsreligion
des Römischen Reiches.

Tiberius (42 v. Chr.–37 n. Chr.)
Römischer Kaiser 14–37 n. Chr.
Tiberius war ein unbeliebter Herrscher,
der befürchtete, dass Mordanschläge
gegen ihn geplant waren. Er ließ dutzende
bedeutender Römer hinrichten und
verbrachte die letzten elf Jahre seiner
Herrschaft zurückgezogen auf der Insel
Capri.

Titus (39–81)
Römischer Kaiser 79–81.
Titus war ein großzügiger Kaiser, der den
Menschen aus Pompeji und Herculaneum
finanzielle Unterstützung zukommen ließ,
als ihre Städte durch den Vesuvausbruch
zerstört wurden. Außerdem war er ein
herausragender Feldherr, der Jerusalem
im Jahre 70 eroberte. Der Titusbogen
in Rom wurde später zur Erinnerung an
diesen Sieg errichtet.

Trajan (um 53–117)
Römischer Kaiser 98–117.
Trajan war einer der größten Feldherren
der römischen Geschichte. Er gewann
riesige Gebiete in Dakien und Vorderasien hinzu und unter seiner Herrschaft
erlangte das Römische Reich seine größte
Ausdehnung. Er ließ viele neue Straßen,
Brücken, Kanäle und Städte errichten
sowie das riesige Trajansforum in Rom,
das von Märkten, Bibliotheken und
Thermen gesäumt war. Die Trajanssäule steht heute noch auf dem Trajansforum. Sie ist mit einem spiralförmigen
Reliefband verziert, das Szenen aus den
Feldzügen des Kaisers gegen die Daker
zeigt.

Vergil (70–19 v. Chr.)
Dichter. 30 v. Chr. stellte Vergil die
Georgica fertig, ein langes Gedicht, in
dem er das Landleben preist. Die letzten
zehn Jahre seines Lebens verbrachte er mit
der Niederschrift seines berühmtesten
Werkes – der *Äneis* –, worin er die Geschichte Roms in zwölf Büchern erzählt.
Vergil gilt als einer der bedeutendsten
römischen Dichter und zur Kaiserzeit
wurden seine Werke in Schulen gelehrt.

Vespasian (9–79)
Römischer Kaiser 69–79.
Nach dem Tod **Neros** und den Unruhen
des Bürgerkrieges wurde Vespasian 69
römischer Kaiser. Er sorgte dafür, dass im
Römischen Reich wieder Frieden und
Stabilität einkehrten. Er war ein strenger,
aber gerechter Herrscher, der die Reichsgrenzen verstärkte und vielen Bewohnern
der westlichen Provinzen das römische
Bürgerrecht gewährte. Er begann viele
ehrgeizige Bauprojekte, einschließlich des
Kolosseums in Roms.

**Vitruv
(ca. 70 v. Chr.–frühes 1. Jh. n. Chr.)**
Architekt und Ingenieur. Sein Werk
De Architectura (Über Architektur) ist
eine 10-bändige Abhandlung zum Thema
Architektur und Technik. Viele seiner
Beispiele hatte er aus der Architektur der
griechischen Klassik übernommen.

Zenobia (3. Jh. n. Chr.)
Herrscherin von Palmyra in Syrien.
Zenobia führte einen Aufstand gegen
die Herrschaft der Römer an, wurde aber
nach mehreren Siegen im Jahr 272 selbst
besiegt und gefangen genommen. Sie
kam als Kriegsgefangene nach Rom, wo
sie später noch viele Jahre lang ein
luxuriöses Leben führte.

ZEITTAFEL

Die Zeittafel gibt einen Überblick über die wichtigsten Ereignisse der römischen Geschichte. Daten in kleinerer Schriftgröße, die mit einem schwarzen Kästchen markiert sind, bezeichnen wichtige historische Ereignisse, die sich zur selben Zeit in anderen Teilen der Welt zugetragen haben. Manche Ereignisse können nicht genau datiert werden und sind deshalb mit der Abkürzung „ca." für „zirka" versehen, dem lateinischen Wort für „ungefähr".

Frühes Rom: ca. 1000–500 v. Chr.

ca. 1000 v. Chr. Das Volk der Latiner siedelt auf dem Palatin in Rom.

- **ca. 1000 v. Chr.** Die Adena-Kultur in Nordamerika errichtet erste kultische Erdhügel.
- **ca. 965–928 v. Chr.** Salomo regiert Israel.
- **ca. 911 v. Chr.** Beginn des Neuassyrischen Reiches.
- **ca. 814 v. Chr.** Die Phönizier gründen die Stadt Karthago an der Küste Nordafrikas.

ca. 800–400 v. Chr. Hochkultur der Etrusker in Mittel- und Norditalien.

- **ca. 800 v. Chr.** Der Hinduismus breitet sich in den Süden Indiens aus.
- **ca. 800 v. Chr.** Die keltische Kultur breitet sich in Westeuropa aus.

Dieser goldene Halsring, ein so genannter „Torques", wurde von einem keltischen Goldschmied angefertigt.

- **776 v. Chr.** Beginn der ersten Olympischen Spiele im griechischen Olympia.

753 v. Chr. Gründung Roms.

ca. 750 v. Chr. Griechen siedeln an der Südküste Italiens und auf Sizilien.

- **ca. 650 v. Chr.** In Lydien (einer griechischen Kolonie in der heutigen Türkei) sind die ersten Münzen in Umlauf.
- **ca. 605–561 v. Chr.** Nebukadnezzar II. ist Herrscher über das Neubabylonische Reich und macht Babylon zu einer prächtigen Stadt.

ca. 600 v. Chr. Die Etrusker herrschen in Rom.

- **586 v. Chr.** Jerusalem wird zerstört und die Juden geraten ins babylonische Exil.
- **511 v. Chr.** Der Philosoph Konfuzius wird in China geboren.

Der chinesische Philosoph Konfuzius

- **ca. 550 v. Chr.** Kyros der Große von Persien begründet das Perserreich.

510 oder **509 v. Chr.** Der letzte etruskische König wird aus Rom vertrieben. Rom wird eine Republik.

Die römische Republik: ca. 500–30 v. Chr.

- **ca. 500 v. Chr.** Beginn der Nok-Kultur in Westafrika.

Die begabten Töpfer der Nok-Kultur fertigten lebensgroße Terrakotta-Köpfe.

496 v. Chr. Die Römer erringen am See Regillus einen Sieg über den Latinerbund.

494 v. Chr. Die Plebejer lehnen sich zum ersten Mal auf und drohen eine eigene Stadt zu gründen.

- **490–479 v. Chr.** Perserkriege zwischen Griechenland und Persien.
- **ca. 480 v. Chr.** Tod Siddhartha Gautamas, des Begründers des Buddhismus.

450 v. Chr. Das Zwölftafelgesetz wird veröffentlicht.

- **447–438 v. Chr.** Der Parthenon-Tempel wird auf der Akropolis von Athen errichtet.
- **ca. 400 v. Chr.** In Mittelamerika geht die Hochkultur der Olmeken unter.

400 v. Chr. Rom ist die führende Stadt des Latinerbundes.

387 v. Chr. Die Gallier erobern Rom und zerstören einen Großteil der Gebäude.

366 v. Chr. Zum ersten Mal wird in Rom ein Plebejer zum Konsul gewählt.

347 v. Chr. Erste römische Münzen.

343–341 v. Chr. 1. Samnitenkrieg.

338 v. Chr. Rom besiegt den Latinerbund und übernimmt die Herrschaft über Latium.

■ **336 v. Chr.** Alexander der Große wird König von Makedonien und beginnt mit dem Aufbau seines Reiches.

Alexander der Große auf seinem Pferd Bukephalos

326–304 v. Chr. 2. Samnitenkrieg.

■ **323 v. Chr.** Alexander der Große stirbt. Sein Feldherr Ptolemäus wird Herrscher über Ägypten und begründet die Dynastie der Ptolemäer.

■ **321 v. Chr.** Chandragupa begründet in Nordindien das Maurya-Reich.

312 v. Chr. Baubeginn der ersten Römerstraße – der Via Appia, die von Rom in südlicher Richtung verläuft.

■ **ca. 300 v. Chr.** Ende der Chavín-Hochkultur in Südamerika.

■ **ca. 300 v. Chr.** Die Maya errichten in Mittelamerika erste Städte aus Stein.

298–290 v. Chr. 3. Samnitenkrieg.

287 v. Chr. Erlass der Lex Hortensia, wonach alle Beschlüsse der römischen Volksversammlung rechtskräftige Gesetze sind.

280–275 v. Chr. Pyrrhuskrieg zwischen den Römern und Pyrrhus, dem König von Epirus in Griechenland.

■ **272–231 v. Chr.** Der buddhistische Kaiser Ashoka regiert das Maurya-Reich in Indien.

264 v. Chr. Die Römer beherrschen die gesamte italische Halbinsel.

264–241 v. Chr. 1. Punischer Krieg zwischen Rom und Karthago.

■ **247 v. Chr.** Das Partherreich wird in Persien begründet.

241 v. Chr. Sizilien wird Roms erstes überseeisches Territorium.

238 v. Chr. Rom besetzt Sardinien.

■ **221 v. Chr.** Shi Huang-ti wird der erste Kaiser Chinas. Beginn des Baus der Chinesischen Mauer.

218–201 v. Chr. 2. Punischer Krieg.

216 v. Chr. Die Karthager erringen in der Schlacht von Kannä einen Sieg über die Römer.

215 v. Chr. Philip V. von Makedonien verbündet sich zum Ärgernis Roms mit Hannibal.

215–205 v. Chr. 1. Makedonischer Krieg zwischen den Römern und Makedonien.

202 v. Chr. Der Römer Scipio besiegt Hannibal in der Schlacht bei Zama.

■ **ca. 200 v. Chr.** Erste gigantische Bodenzeichnungen der Nazca-Kultur in der Wüste Perus.

200–197 v. Chr. 2. Makedonischer Krieg. Philipp V. wird von den Römern besiegt und gibt Griechenland auf.

149–146 v. Chr. 3. Punischer Krieg endet mit der vollständigen Zerstörung Karthagos.

146 v. Chr. Rom herrscht über ganz Griechenland.

133 v. Chr. Rom begründet in Vorderasien die Provinz Asia. Tiberius Gracchus wird Volkstribun.

123 v. Chr. Gajus Gracchus wird Volkstribun und erlässt ein Korngesetz zu Gunsten der Armen in Rom.

■ **ca. 112 v. Chr.** Handel auf der Seidenstraße, die China mit dem Westen verbindet.

111–105 v. Chr. Gajus Marius besiegt König Jugurtha von Numidien.

107 v. Chr. Marius wird Konsul und beginnt seine Heeresreform.

102–101 v. Chr. Marius besiegt die Kimbern und Teutonen.

■ **ca. 100 v. Chr.** In Mittelamerika entsteht die riesige Pyramidenstadt Teotihuacán.

91–88 v. Chr. Bundesgenossenkrieg zwischen Rom und seinen italischen Verbündeten. Danach erhalten alle Bundesgenossen der italischen Halbinsel das römische Bürgerrecht.

88 v. Chr. Sulla marschiert nach Rom und vertreibt Marius.

87 v. Chr. Marius erobert Rom zurück, stirbt aber im darauf folgenden Jahr.

82–80 v. Chr. Diktator Sulla stärkt die Macht des Senats und der Patrizier.

73–71 v. Chr. Der Gladiator Spartakus führt einen Sklavenaufstand an.

67 v. Chr. Pompejus befreit das Mittelmeer von den Piraten.

63 v. Chr. Pompejus erobert vier neue Provinzen in Vorderasien, darunter Syria und Judäa.

60 v. Chr. Julius Cäsar bildet mit Pompejus und Crassus das 1. Triumvirat.

59 v. Chr. Cäsar ist Konsul.

Diese römische Münze zeigt ein Porträt Julius Cäsars.

58–51 v. Chr. Cäsar erobert Gallien.

55–54 v. Chr. Cäsar unternimmt Feldzüge nach Britannien.

49 v. Chr. Cäsar kehrt nach Rom zurück und ergreift die Macht. Es kommt zum Bürgerkrieg zwischen ihm und dem von Pompejus angeführten Senat.

48 v. Chr. Pompejus wird ermordet.

45 v. Chr. Cäsar wird Herrscher über die römische Welt.

44 v. Chr. Cäsar wird von einigen Senatoren unter der Führung von Brutus und Cassius ermordet.

42 v. Chr. Nach ihrer Niederlage in der Schlacht bei Philippi begehen Brutus und Cassius Selbstmord. Markus Antonius, Oktavian und Lepidus teilen das Reich unter sich auf.

ca. 33 v. Chr. Spannungen zwischen Oktavian und Markus Antonius führen zum Bürgerkrieg.

31 v. Chr. Oktavian besiegt Markus Antonius und Kleopatra in der Seeschlacht bei Aktium.

30 v. Chr. Ägypten wird römische Provinz.

Ein ägyptischer Priester verbrennt wohlriechenden Weihrauch.

Die römische Kaiserzeit: ca. 30 v. Chr. – 476 n. Chr.

27 v. Chr. Oktavian wird erster römischer Kaiser und erhält den Ehrentitel Augustus.

ca. 5 v. Chr. Jesus Christus wird in Bethlehem (Provinz Judäa) geboren.

- **ca. 1 n. Chr.** Beginn der Moche-Kultur in Peru.
- **ca. 1–100** Der Buddhismus verbreitet sich von Indien über Asien.

9 In der Varusschlacht vernichten die Germanen drei römische Legionen.

14 Augustus stirbt.

ca. 30 Jesus Christus gekreuzigt.

43 Claudius erobert den Südosten Britanniens.

58–60 Der Apostel Paulus reist nach Rom.

60 Boudicca, die Königin des Stammes der Icener, führt einen Aufstand gegen die Herrschaft der Römer in Britannien an.

64 Brand Roms. Nero macht die Christen für den Brand verantwortlich und beginnt sie zu verfolgen.

66–73 Die Provinz Judäa lehnt sich gegen die Herrschaft der Römer auf.

68–69 Vierkaiserjahr. Galba, Otho und Vitellius folgen dicht aufeinander, bis schließlich Vespasian die Macht ergreift.

70 Titus erobert Jerusalem in der Provinz Judäa. Das Christentum erreicht das ägyptische Alexandria.

73 Die römische Armee schlägt den jüdischen Aufstand nieder und nimmt die Festung Masada ein, die letzte Hochburg des jüdischen Widerstandes.

79 Das Kolosseum in Rom – eines der größten Amphitheater des Römischen Reiches – wird eröffnet. Beim Ausbruch des Vesuvs werden die Städte Pompeji und Herculaneum an der italienischen Westküste zerstört.

Eines der vielen Fresken, die in den Ruinen Pompejis entdeckt wurden

- **ca. 100** Das Papier wird in China erfunden.
- **ca. 100–700** In Südostasien wird das Champa-Reich begründet.
- **ca. 100–700** Blütezeit des Aksum-Reiches im heutigen Äthiopien.

101–106 Trajan überfällt und erobert Dakien in Osteuropa.

117 Größte Ausdehnung des Römischen Reiches nach Trajans Eroberung der Provinzen Dacia und Parthia.

122–127 Errichtung des Hadrianswalls in Nordengland.

132–135 Die Römer schlagen einen Aufstand in der Provinz Judäa nieder. Ende des jüdischen Staates. Auswanderung der Juden nach Europa.

ca. 200 Die Germanen greifen die Reichsgrenzen an.

- **ca. 200–600** Entstehung der Tiahuanaco-Kultur um das Zeremonialzentrum Tiahuanaco in Bolivien.

212 Alle Freigeborenen des Reiches erhalten das römische Bürgerrecht.

- **224** Ardaschir I. begründet die Sassaniden-Dynastie in Persien.

235–284 Zeit der Soldatenkaiser – viele Kaiser herrschen nur kurze Zeit. Angriffe germanischer Stämme an den Nord- und Ostgrenzen des Reiches. Pest und Hungersnot in Europa.

238 In Nordafrika beginnt ein Aufstand gegen die Herrschaft der Römer.

- **ca. 250–750** Blütezeit der Zapoteken-Kultur in Mexiko.
- **ca. 250–900** Höhepunkt der Maya-Kultur in Mittelamerika.

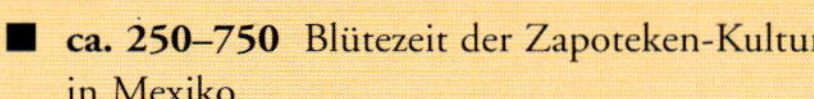

Ein Maya-Krieger bekleidet mit einem Jaguarfell und einem Federkopfschmuck

260 Die Römer werden von den Persern geschlagen und Kaiser Valerian wird gefangen genommen.

268–272 Königin Zenobia von Palmyra erobert Syrien und Teile Ägyptens.

270 Die Römer geben Teile des Römischen Reiches auf und ziehen sich aus Dakien zurück.

271 Die Aurelianische Mauer wird zum Schutz Roms um die Stadt errichtet.

284 Diokletian teilt das Reich in eine Ost- und eine Westhälfte und begründet die Tetrarchie.

ca. 285 Die ersten christlichen Klöster werden in Ägypten gegründet.

- **ca. 300** Aus der Yamato-Kultur gehen die ersten Kaiser Japans hervor.

303 Beginn der Christenverfolgung unter Diokletian.

- **304** Die Hunnen überwinden die Chinesische Mauer und fallen in China ein.

312 Konstantin I. besiegt Maxentius in der Schlacht an der Milvischen Brücke und wird Alleinherrscher über das Westreich.

313 Konstantin erlässt das Edikt von Mailand. Christen können ihren Glauben frei ausüben.

- **320** In Indien wird das Gupta-Reich begründet. Beginn des Goldenen Zeitalters Indiens.

324–337 Konstantin I. ist Alleinherrscher über beide Reichshälften.

325 Das erste Konzil der christlichen Kirche findet in Nicäa statt.

330 Konstantin I. verlegt die Hauptstadt des Römischen Reiches nach Byzanz und benennt die Stadt in Konstantinopel um.

- **ca. 330** König Ezana von Aksum wird der erste christliche König Afrikas.

337–361 Julian Apostata versucht die altrömischen Götter wieder einzuführen.

367 Einzelne Germanenstämme gründen unabhängige Reiche innerhalb des Römischen Reiches.

ca. 370 Die Hunnen fallen von Zentralasien aus nach Europa ein.

378 Kaiser Valens wird von den Westgoten getötet.

383 Die römischen Legionen beginnen den Rückzug aus Britannien und Gallien.

394–395 Theodosius I. ist Alleinherrscher über das gesamte Römische Reich.

394 Das Christentum wird die offizielle Staatsreligion des Römischen Reiches.

395 Endgültige Teilung des Römischen Reiches in Ost- und Westrom.

- **ca. 400** Südlich der Sahara werden die ersten Städte gegründet.
- **ca. 400** Siedler aus Südostasien gelangen zu den Osterinseln im Pazifischen Ozean.

402 Die Westgoten fallen in Italien ein. Honorius verlegt die Residenz nach Ravenna.

404 Erste lateinische Bibelübersetzung – die so genannte Vulgata – entsteht.

409 Die Wandalen fallen in Spanien ein.

410 Alarich, der König der Westgoten, nimmt Rom ein. Die Römer ziehen sich aus Britannien und Gallien zurück.

429 In Nordafrika wird das Wandalenreich gegründet.

- **430–470** Die Hunnen fallen in das Gupta-Reich in Indien ein.

449 Der britannische König Vortigern bittet die Sachsen zur Verteidigung gegen die Pikten und Schotten nach Britannien. Den Sachsen folgen die Angeln und Jüten aus Nordeuropa.

Bis ca. 450 Die Franken haben sich in Gallien niedergelassen.

451 Die Hunnen werden von einer gemeinsamen Armee der Römer, Westgoten, Burgunder und Franken besiegt.

455 Die Wandalen fallen von Afrika aus nach Italien ein und zerstören Rom.

475 Die Westgoten errichten ein unabhängiges Königreich in Spanien.

476 Romulus Augustulus, der letzte weströmische Kaiser, wird von Odoaker gestürzt. Ende des Weströmischen Reiches. Das Oströmische Reich, auch Byzantinisches Reich genannt, besteht noch bis 1453 weiter.

GLOSSAR

In dem Glossar werden Fachbegriffe und lateinische Wörter erklärt, die in diesem Buch verwendet werden. Begriffe in *Kursivschrift* verweisen auf ein entsprechendes Stichwort.

Ädil Ein hoher Regierungsbeamter. Jedes Jahr wurden vier neue Ädilen gewählt, die für Märkte, Straßen, öffentliche Gebäude und die Veranstaltung von Spielen zuständig waren.

Amphore Ein hohes, zweihenkliges Gefäß, in dem unter anderem Olivenöl und Wein transportiert und aufbewahrt wurden.

Aquädukt (1) Eine lange, steinerne Wasserleitung, die Wasser aus den Bergen in die Städte führte. (2) Manchmal auch Bezeichnung für eine aus mehreren Bogenreihen bestehende Brücke, auf deren obersten Ebene ein Wasserkanal verlief.

Arena Der zentrale Schauplatz eines Amphitheaters, auf dem *Gladiatoren*kämpfe und Tierhetzen stattfanden.

Atrium Die Haupthalle eines römischen Privathauses *(Domus),* in dessen Mitte sich eine Öffnung im Dach befand.

Auxiliarsoldat Jeder Soldat der römischen Armee, der kein *römischer Bürger* war.

Basilika Ein großes, rechteckiges Gebäude, das im Inneren durch zwei Säulenreihen gegliedert wurde. In den Basiliken waren Gerichte und Büros untergebracht.

Bulla Ein Glücksbringer, den römische Kinder zum Schutz vor bösen Geistern trugen.

Byzantinisches Reich Nach dem Ende des Weströmischen Reiches im Jahr 476 wurde das Oströmische Reich auch als Byzantinisches Reich bezeichnet.

Circus Eine große Rennbahn, auf der Wagenrennen stattfanden.

Curia Das Senatsgebäude auf dem *Forum* Romanum in Rom, in dem sich der römische *Senat* versammelte.

Diktator Ein Alleinherrscher, der vom *Senat* in Krisenzeiten ernannt wurde und höchstens sechs Monate im Amt sein sollte. Der Diktator hatte den Oberbefehl über die Armee und war anderen Regierungsbeamten gegenüber weisungsbefugt.

Domus Ein Stadthaus, das von einer Familie und deren *Sklaven* bewohnt wurde.

Equites Eine römische Bürgerschicht, die von den ersten römischen Kavallerieoffizieren abstammte. Sie waren hauptsächlich Händler und Bankiers.

Etrusker Hochkultur in Nordwest- und Mittelitalien (Etrurien). Die Blütezeit der etruskischen Kultur war zwischen 800 und 400 v. Chr. In seiner Frühgeschichte wurde Rom eine Zeit lang von etruskischen Königen regiert.

Forum (Plural: Foren) Ein offener Platz im Zentrum einer Stadt, auf dem es Gerichte gab und Märkte und politische Versammlungen abgehalten wurden.

Freigelassener Ein ehemaliger *Sklave,* der von seinem Herrn freigelassen wurde.

Fresko Wandmalerei auf feuchtem Putz.

Gallier Keltische Volksstämme, die hauptsächlich in den Gebieten westlich und nördlich Italiens lebten. 387 v. Chr. fiel eine Armee von Galliern in Rom ein und zerstörte die meisten Gebäude der Stadt.

Germanen Ursprünglich in Mittel-, Nord- und Osteuropa ansässige Volksstämme wie z. B. die Goten, Wandalen, Burgunder, Markomannen, Langobarden, Angeln, Sachsen und Sueben, die immer wieder Vorstöße in das Römische Reich unternahmen. Nach dem Ende des Weströmischen Reiches im Jahr 476 herrschte der germanische Heerführer Odoaker über das Gebiet des ehemaligen Weströmischen Reiches.

Gladiator Ein *Sklave* oder Kriegsgefangener, der dazu ausgebildet war, zur Unterhaltung der Massen in der *Arena* zu kämpfen.

Grammaticus (1) Eine Schule, an der Jungen aus wohlhabenden Familien ihre Schulbildung nach dem 11. Lebensjahr fortsetzen konnten. (2) Ein Lehrer, der an einer Grammaticus unterrichtete.

Hunnen Ein Nomadenvolk, das im 4. Jh. n. Chr. von Zentralasien aus nach Westen vordrang und dadurch die Völkerwanderung auslöste. Unter König Attila gelangten die Hunnen bis nach Gallien, wo sie 451 von einer gemeinsamen Armee der Römer und Germanen geschlagen wurden.

Hypocaustum Ein zentrales Heizungssystem, bei dem sich heiße Luft unter dem Fußboden und durch Kanäle in den Wänden ausbreitete.

Insula Mehrstöckiges Mietshaus.

Kaiser Der oberste Herrscher des *Römischen Reiches*. Augustus wurde 27 v. Chr. der erste römische Kaiser.

Kaiserzeit Die Zeit von 27 v. Chr. bis 476 n. Chr., als Rom von *Kaisern* regiert wurde.

Kamee Ein geschnittener Halbedelstein mit einer sehr fein gearbeiteten, erhabenen Darstellung.

Karthager Bewohner der von den Phöniziern gegründeten Stadt Karthago in Nordafrika. Die Karthager errichteten ein mächtiges Handelsimperium und kämpften in den drei *Punischen Kriegen* von 264 bis 146 v. Chr. gegen Rom.

Katakomben Ein unterirdisches, durch Gänge verbundenes Gräbersystem unterhalb der Stadt Rom. Die ersten Christen kamen hier zu geheimen Versammlungen zusammen.

Klient Eine Person, die einen wohlhabenden Mann – einen so genannten *Patron* – politisch unterstützte. Im Gegenzug half der Patron dem Klienten bei dessen eigenem beruflichem Fortkommen. Klienten mussten ihrem Patron jeden Morgen ihre Aufwartung machen und für ihn stimmen, wenn er in die Politik ging.

Kohorte Eine große römische Armeeeinheit. Jede Legion besaß zehn Kohorten. Die erste Kohorte mit den Elitesoldaten der Einheit bestand aus acht Zenturien (800 Mann), die restlichen neun Kohorten verfügten über je sechs Zenturien (480 Mann).

Konsul Der höchste Regierungsbeamte. Jedes Jahr wurden zwei Konsuln gewählt, die dem *Senat* vorstanden und den Oberbefehl über die Armee hatten.

Lararium Ein Schrein in einem Privathaus, in dem kleine Statuen der Hausgötter standen. Vor dem Lararium beteten römische Familien täglich zu ihren Hausgöttern.

Legat (1) Ein ranghoher Beamter, der eine wichtige *Provinz* verwaltete. (2) Ein Offizier, der eine Legion der römischen Armee befehligte.

Legionär Ein *römischer Bürger,* der in der Armee diente. Eine Einheit von ungefähr 5000 Legionären war eine Legion.

Ludus (1) Öffentliche Spiele oder Unterhaltungsveranstaltungen. (2) Eine Art Grundschule, die Jungen und Mädchen im Alter von sieben bis elf Jahren besuchten.

Lyra Ein harfenähnliches Musikinstrument.

Mimus Eine Form des römischen Theaters, in dem Männer und Frauen ohne Theatermasken auftraten. Die Handlung war realistisch, lustig und oft sehr derb.

Mosaik Ein Bild, das aus vielen kleinen Steinchen aus Glas oder Stein zusammengesetzt wurde.

Paedagogus (1) Ein Hauslehrer. (2) Ein *Sklave,* der von römischen Eltern damit beauftragt war, ihre Kinder während des Unterrichts zu beaufsichtigen.

Palla Ein Kleidungsstück römischer Frauen. Ein langer, rechteckig geschnittener Mantel.

Pantomime Eine Form des römischen Theaters, in dem nur Männer auftraten, die Theatermasken und traditionelle Kostüme trugen. Die Schauspieler stellten die Handlung pantomimisch dar, begleitet von Musik und Gesang.

Pater familias Das männliche Oberhaupt einer römischen Familie.

Patrizier Eine Standesschicht *römischer Bürger* (zur Zeit der Republik), die von den ältesten römischen Adelsfamilien abstammte. In der Frühzeit der Republik konnten nur Patrizier *Senatoren* werden.

Patron Ein wohlhabender Römer, der seinen *Klienten* bei ihrem beruflichen Fortkommen behilflich war und dafür von ihnen politisch unterstützt wurde.

Peristyl (1) Meistens eine Säulenreihe um einen Innenhof oder ein Gebäude. (2) Manchmal auch Bezeichnung für einen Garten oder Innenhof, der von einer Säulenreihe umgeben ist.

Plebejer Jeder *römische Bürger,* der kein *Patrizier* war.

Prätor Ein hoher Regierungsbeamter. Jedes Jahr wurden acht Prätoren gewählt. Sie waren Richter an den Gerichten.

Prätorianergarde Eine aus Elitesoldaten bestehende Leibgarde zum Schutz des *Kaisers* und dessen Familie.

Prokonsul Ein ehemaliger *Konsul,* der zum Statthalter einer der wichtigsten *Provinzen* ernannt wurde.

Prokurator Ein hoher Regierungsbeamter, der für einen Teilbereich der Verwaltung verantwortlich war. Prokuratoren waren auch oft die *Statthalter* kleinerer *Provinzen.*

Provinz Eine Region des *Römischen Reiches* außerhalb Italiens, die von einem römischen *Statthalter* verwaltet wurde.

Punische Kriege Eine Reihe von drei Kriegen, die die Römer von 264 bis 146 v. Chr. gegen die *Karthager* (oder auch Punier) in Nordafrika geführt haben.

Quästor Ein hoher Regierungsbeamter. Jedes Jahr wurden 20 Quästoren gewählt, die für die Finanzen Roms zuständig waren.

Republik Ein Staat, in dem es keinen König und keine Königin gibt und dessen Herrscher vom Volk gewählt werden. Rom war von 510 v. Chr. (oder 509 v. Chr.) bis 27 v. Chr. eine Republik.

Rhetor Ein Lehrer, der die Kunst der öffentlichen Rede unterrichtete.

Römischer Bürger Ursprünglich eine Person, die in Rom als Kind römischer Eltern geboren wurde. Ein römischer Bürger konnte wählen und in der Armee dienen. 212 erhielten alle Freigeborenen des *Römischen Reiches* das römische Bürgerrecht.

Römisches Reich Alle von den Römern beherrschten Gebiete.

Rostra Die Rednerbühne auf dem Forum Romanum, die bei öffentlichen Zeremonien wie zum Beispiel bei Begräbnisreden benutzt wurde.

Senat Eine Gruppe von Männern, die Rom zur Zeit der *Republik* regierten. Den Senat gab es auch noch zur *Kaiserzeit,* er verlor aber einen Großteil seiner Macht.

Senator Mitglied des *Senats.*

Sklave Eine Person, die das Eigentum einer anderen Person war und für diese

arbeitete. Sklaven besaßen keine Rechte und konnten gekauft und verkauft werden.

SPQR Abkürzung für „**S**enatus **P**opulus**q**ue **R**omanus“, also für „Senat und Volk von Rom“. Diese Buchstaben findet man auf vielen römischen Münzen und Inschriften.

Statthalter Der Verwalter einer römischen *Provinz.*

Stola Kleidungsstück römischer Frauen. Ein langes Kleid.

Strigilis Ein gebogener Schaber, mit dem beim Baden Öl und Schmutz von der Haut abgeschabt wurden.

Terrakotta Eine Mischung aus Ton und Sand, aus der Fliesen und Statuen hergestellt werden.

Toga Kleidungsstück römischer Männer. Ein langes, wollenes Stoffstück, das kunstvoll um den Körper gelegt und von *römischen Bürgern* bei offiziellen Anlässen getragen wurde.

Tribun (1) Volkstribun: Ein Beamter, der von den *Plebejern* gewählt wurde, damit er sie und ihre Interessen im *Senat* vertrat. (2) Militärtribun: Ein ranghoher Offizier der römischen Armee.

Triumph Siegeszug durch die Straßen Roms.

Tuchwalker Ein Handwerker, der Wollstoffe reinigte und einer Spezialbehandlung unterzog, bevor sie zu Kleidungsstücken verarbeitet wurden. Tuchwalker reinigten und flickten auch die Kleider der Reichen.

Vestalinnen Eine Gruppe von sechs Priesterinnen, die im Tempel der Vesta in Rom ein ewiges Feuer hüteten. Sie dienten der Göttin Vesta 30 Jahre lang und durften nicht heiraten.

Viadukt Eine Brücke über ein Tal oder einen Fluss, auf der eine Straße verlief.

Villa Ein großes Landgut.

Zensor Ein hoher Regierungsbeamter, der dafür sorgte, dass es genug *Senatoren* gab und ein Verzeichnis aller *römischen Bürger* führte. Alle fünf Jahre wurden zwei Zensoren gewählt, die 18 Monate im Amt blieben.

Zenturio Ein Offizier der römischen Armee, der eine Zenturie befehligte, eine Einheit von zwischen 80 und 100 Mann.

INDEX

Die Originalausgabe erschien 2001 unter dem Titel
„THE USBORNE INTERNET-LINKED ENCYCLOPEDIA
OF THE ROMAN WORLD“

Fachberatung Dr. Anne Millard
Redaktionsleitung Jane Chisholm
Grafische Leitung Mary Cartwright
Lay-out Susie McCaffrey
Bildredaktion Ruth King
Umschlaggestaltung Zöe Wray
Grafik Natacha Goransky & Melissa Alaverdy
DTP-Koordination John Russell

© Usborne Publishing Ltd., Usborne House,
83–85 Saffron Hill, London EC1N 8RT, England

In neuer Rechtschreibung

1. Auflage 2004
© für die deutsche Ausgabe
by Arena Verlag GmbH
Würzburg 2004

Aus dem Englischen
von Claudia Gliemann

Einbandgestaltung: Georg Behringer
Alle Rechte vorbehalten
ISBN 3-401-05541-0
Printed in Spain

DANKSAGUNG

Der Verlag hat sich bemüht alle Urheberrechte für Beiträge zu diesem Buch festzustellen und anzugeben. Sollte eine Quellenangabe fehlen, erklärt sich der Verlag zu einer offiziellen Entschuldigung und Richtigstellung in späteren Veröffentlichungen bereit. Der Verlag dankt den unten stehenden Personen und Organisationen, dass sie Bildmaterial zur Verfügung gestellt und zum Druck freigegeben haben (*t* = oben; *m* = Mitte; *b* = unten; *l* = links; *r* = rechts).

Titelfoto ©AKG; **Vorsatz** ©James L. Amos/CORBIS; **Innentitel** ©Mimmo Jodice/CORBIS; S. 2 ©Araldo de Luca/CORBIS; S. 4 *(bl)* ©Mimmo Jodice/CORBIS, *(Hintergrund)* ©Digital Vision; S. 6 ©Christine Osborne/CORBIS; S. 7 *(t)* ©Archivo Iconografico, S. A./CORBIS, *(m)* ©Roger Wood/CORBIS, *(br)* David Scharf/Science Photo Library; S. 8 ©Roger Ressmeyer/CORBIS; S. 9 The Art Archive/Dagli Orti; S. 12 ©Jonathan Blair/CORBIS; S. 13 *(l)* ©Copyright The British Museum, *(r)* ©Araldo de Luca/CORBIS; S. 15 AKG Photo; S. 17 *(t)* ©Archivo Iconografico, S. A./CORBIS, *(br)* ©Mimmo Jodice/CORBIS; S. 20 *(bl)* Villa dei Misteri, Pompeii, Italy/Bridgeman Art Library, *(r)* ©Gianni Dagli Orti/CORBIS; S. 23 Archivo Iconografico, S. A./CORBIS; S. 24 ©Donald Cooper PHOTOSTAGE; S. 25 ©Araldo de Luca/CORBIS; S. 27 Photo Scala, Florence; S. 28 *(m)* ©BBC Picture Archives, *(tr)* ©Araldo de Luca/CORBIS; S. 29 *(tl)* ©Archivo Iconografico, S. A./CORBIS, *(br)* ©Copyright The British Museum; S. 32 ©Charles & Josette Lenars/ CORBIS; S. 33 *(t)* ©Copyright The British Museum, *(bl)* AKG London/Erich Lessing, *(br)* ©Araldo de Luca/CORBIS; S. 35 ©Copyright The British Museum; S. 36 ©Archivo Iconografico, S. A./ CORBIS; S. 37 *(t)* ©Historical Picture Archive/CORBIS, *(b)* ©Robert Estall/CORBIS; S. 38 ©Kevin Schafer/CORBIS; S. 39 *(t)* Photo Scala, Florence, *(b)* ©Araldo de Luca/CORBIS; S. 40 ©Elio Ciol/CORBIS; S. 42 ©Araldo de Luca/CORBIS; S. 43 Metropolitan Museum of Art, New York, USA/Bridgeman Art Library; S. 44 *(m)* ©Copyright The British Museum, *(b)* The Art Archive/Museo Civico Trieste/Dagli Orti (A); S. 45 ©Copyright The British Museum; S. 46 *(ml)* ©Archivo Iconografico, S. A./CORBIS, *(tr)* ©Copyright The British Museum, *(b)* AKG London/Erich Lessing; S. 47 Photo Scala, Florence; S. 48 *(bl)* ©Araldo de Luca/CORBIS; S. 48–49 Photo Scala, Florence; S. 51 ©Roger Ressmeyer/CORBIS; S. 52 Château de Versailles, France/Peter Willi/Bridgeman Art Library; S. 54 ©Copyright The British Museum; S. 55 *(tm)* ©Craig Lovell/CORBIS, *(tr)* ©Archivo Iconografico, S. A./CORBIS; S. 56 *(Hintergrund)* ©Araldo de Luca/CORBIS, *(bl)* The Art Archive/Archaeological Museum, Naples/Dagli Orti (A), *(tr)* ©Mimmo Jodice/CORBIS; S. 57 ©Roger Wood/CORBIS; S. 58 ©Mimmo Jodice/CORBIS; S. 61 *(t)* ©Mimmo Jodice/CORBIS, *(b)* Private Collection/Bridgeman Art Library; S. 62 *(Hintergrund)* ©Mimmo Jodice/CORBIS, *(m)* Louvre, Paris, France/Peter Willi/Bridgeman Art Library; S. 63 ©Archivo Iconografico, S. A./CORBIS; S. 65 ©Roger Wood/CORBIS; S. 67 ©Ruggero Vanni/CORBIS; S. 68 ©Araldo de Luca/CORBIS; S. 70 ©Archivo Iconografico, S. A./CORBIS; S. 71 *(t)* Photo Scala, Florence, *(b)* ©Adam Woolfitt/CORBIS; S. 72 *(tl)* ©Digital Vision, *(bl)* ©Mimmo Jodice/CORBIS; S. 73 *(l)* The Art Archive/Archaeological Museum, Naples/Dagli Orti (A), *(tr)* ©Arte & Immagini srl/ CORBIS, *(br)* ©Mimmo Jodice/CORBIS; S. 75 Photo Scala, Florence; S. 76 ©Araldo de Luca/CORBIS; S. 77 Photo Scala, Florence; S. 78 Photo Scala, Florence; S. 79 *(b)* Kunsthistorisches Museum, Vienna, Austria/Bridgeman Art Library, *(tr)* ©Michael Holford; S. 81 ©Ric Ergenbright/CORBIS; S. 82 ©Eric und David Hosking/CORBIS; S. 83 ©Bill Ross/CORBIS; S. 84 *(b)* ©Archivo Iconografico, S. A./CORBIS, *(tr)* Werner Forman Archive/Museo Archeologico Nazionale, Naples; S. 85 *(l)* ©Vittoriano Rastelli/CORBIS, *(tr)* Photo Scala, Florence, *(br)* ©Roger Wood/CORBIS; S. 86 *(m)* The Art Archive/Archaeological Museum, Naples/Dagli Orti (A), *(br)* Battistero Neoniano, Ravenna, Italy/Bridgeman Art Library; S. 87 The Art Archive/Dagli Orti (A); S. 88 *(bl)* ©Araldo de Luca/CORBIS, *(tr)* Staatliche Museen, Berlin, Germany/Bridgeman Art Library; S. 90 ©Archivo Iconografico, S. A./CORBIS; S. 91 ©Araldo de Luca/CORBIS; S. 94 *(bl)* ©Historical Picture Archive/CORBIS, *(tr)* The Art Archive/Musée de Versailles/Dagli Orti; S. 95 ©Vince Streano/CORBIS; S. 96 *(Hintergrund)* ©Historical Picture Archive/CORBIS, *(bl)* ©Royalty-Free/ CORBIS, *(m)* ©Archivo Iconografico, S. A./CORBIS, *(tr)* ©2001 The Natural History Museum, London; S. 97 ©Roger Wood/CORBIS; S. 99 ©Roger Wood/CORBIS; S. 101 ©Charles & Josette Lenars/CORBIS; S. 102 ©Mimmo Jodice/CORBIS; S. 105 ©Roger Wood/CORBIS; S. 107 ©Digital Vision; S. 109 ©Archivo Iconografico, S. A./CORBIS; S. 111 ©Jeffrey L. Rotman/CORBIS.